AF282012

DISQUIJOTECES

GUANTANAMOUR

WEEKEND

Jorge Cuadrelli

COLECCIÓN TEXTOS DRAMÁTICOS Nº 29

COORDINACIÓN DE LA EDICIÓN:
Agencia Andaluza de Instituciones Culturales
Centro de Investigación y Recursos de las Artes Escénicas de Andalucía
EDITA: Consejería de Turismo, Cultura y Deporte. Junta de Andalucía
©DE LA EDICIÓN: Consejería de Turismo, Cultura y Deporte. Junta de Andalucía
©DE LOS TEXTOS: Jorge Cuadrelli
©DEL PRÓLOGO: Rocío Cuadrelli Lozano
DISEÑO, MAQUETACIÓN E IMPRESIÓN: Grupo Diacash.
DEPÓSITO LEGAL: SE 291-2024
ISBN: 978-84-9959-483-5

"Algunos vivos están muertos y algunos muertos están vivos"
Jorge Cuadrelli

PRÓLOGO

Jorge Cuadrelli Rubinich era, ante todo, un hombre libre. Quería hacer de su vida y su trabajo no solo una cosa interesante, sino una excepcional locura inteligente. Jorge nació en Argentina y muy joven tuvo que emigrar a Europa. Los golpes militares lo empujaron a ello. Huyó de su país junto con la Comuna Baires, grupo teatral emblemático e histórico de los años 70, asentándose primero en Italia, después llegaría a España.

Esas idas y venidas sirvieron de inspiración a un hombre cuya patria eran las palabras, porque nunca se sintió de ningún sitio.

Jorge era un hombre eminentemente práctico que hacía carne todas sus propuestas: dramaturgo, director, escenógrafo y muchas veces actor. Junto con su compañera de vida, Maite Lozano, construyeron su propio teatro y una escuela de artes escénicas en Sevilla, Viento Sur Teatro, que recibe a día de hoy más de 300 alumnos al años dispuestos a aprender y seguir sus pasos.

Su obra es extensa: textos teatrales, relatos, poesía, dibujos..., pero como dramaturgo nunca fue publicado, por eso este libro es tan importante.

Cada uno de los textos aquí incluidos, como toda su obra, refleja su estilo y su esencia. La mezcla de poesía que podemos leer entre líneas, un lenguaje simbólico donde cada elemento suma, y esa conexión con las emociones de los personajes que los hace estar tan vivos. Entra en la vida de cada personaje y nos hace partícipes a los lectores de los golpes, idas y venidas que la vida depara, o arroja, a cada uno de ellos. Sus personajes se entregan a la vida con un gran dramatismo que mezcla realidad, poesía y toques surrealistas, y es que su estilo es único y original, lleno de influencias (Borges, Ionesco, Arrabal, Garcia Marquez, Sepúlveda y tantos otros).

En este volumen, se nos descubren protagonistas muy diferentes, desde un joven perdido por el consumo de drogas (*Week-end*) narrando una historia que después de 20 años de su estreno se sigue representando en campaña educativa para jóvenes en Sevilla, pasando por tres soldados de una guerra anónima que esperan una llamada de teléfono (*Guantanamour*), hasta llegar a unos jóvenes actores en paro, supervivientes de una profesión dura, que tras 10 años sin verse se proponen en un último esfuerzo producir una obra sobre el Quijote (*Disquijoteces*). Ésta, escrita en colaboración con Edu Bulnes y Fernando Moreno, y estrenada en 2020, sería su última obra representada en vida.

Estos textos fueron, y siguen siendo, representados por su propia compañía Viento Sur Teatro. Bajo el amparo de la compañía, las palabras de Jorge a día de hoy siguen recorriendo kilómetros por toda España, Cuba, Italia y Colombia.

Las tres historias que aquí se recogen son historias de personajes, como el propio Jorge, golpeados por la vida. Con estos textos Jorge nos hace llegar a los sentimientos más profundos del ser humano y, aunque ya no esté aquí, será inmortal en su patria de palabras.

ROCIO CUADRELLI LOZANO.

Semblaza de Jorge Cuadrelli

Antonio Jorge Cuadrelli Rubinich, era ante todo un luchador, un trabajador incansable y un gran artista, en el significado renacentista de la palabra, su vida épica le llevó a hacer cultura comunitaria. Nace en Concordia, provincia de Entre Rios, muy cerca del Uruguay, en 1950. Su abuelo italiano había salido huyendo del norte de Italia, por masón, otro abuelo era austriaco, y sus abuelas una española de apellido Medina y la otra de origen indio .

Su infancia transcurrió casi siempre en el campo, con 14 años era vaquero de ganado y un gran jinete, y a los 16 años, después de la muerte de su madre muy joven, se traslada solo a Buenos Aires donde completa el bachillerato y hace al mismo tiempo dos carreras: derecho y sociología, no terminaría ninguna de ellas. Trabajará un tiempo corto de contable para una empresa, hasta que a los 22 años, su pasión por el cine y el teatro lo lleva a fundar junto a Antonio Llopis, Renzo Casali, Liliana Duca y César Brie entre otros, La Comuna Baires, comunidad teatral y antropológica que edita su revista *Teatro 70, cine 70*. También construyen un teatro y un cine club.

La Comuna Baires es expulsada de Argentina en el año 1974 por el golpe militar. Unas 35 personas, actores y actrices se embarcan en una nave y viajan a Italia, buscando refugio político. En Europa participan en numerosos festivales y realizan giras por todo el continente.

Fue creador de distintos espacios escénicos en Milán, en concreto cuatro salas: Vía de la Commenda en 1974, sala Santa Radegonda en 1980, Teatro Ducale en 1985 y Teatro Metrópolis 1990, que lo llevó a hacer dos huelgas de hambre, por desahucios. Trabaja en el teatro y crea numerosas obras en sus veinte años de residencia italiana. Es fundador del Instituto antropológico de la comunicación. También es actor, director, dramaturgo, escenógrafo y pedagogo.

El 1984 participa en la fundación de una pequeña ciudad en argentina Wilaldea, Proyecto integral de teatro y ecología. Realiza numerosas giras por Italia, Chile, Colombia, Cuba o Argentina en los más prestigiosos festivales y encuentros comunitarios.

En 1994 abandona Italia para fundar en Sevilla La compañía Viento Sur Teatro, con su compañera sentimental y teatral, la sevillana Maite Lozano.

Fue coofundador junto a Maite del programa Corral de comedias de Triana o noches en el Palacio de la Buhaira.

Fueron inolvidables sus papeles en la escena, como *Tartufo*, *El ávaro*, *Woycek* o *el viejo comediante en tiempo de Burlas y entremeses*. En 2012 en Sevilla crean una escuela de artes escénicas que actualmente tiene más de 300 alumnos que tienen como objetivo la creación de nuevos grupos de teatro, y además una sala con capacidad para un centenar de espectadores en "Triana de la Frontera" (como él le solía decir) que programa al año más de 150 compañías de todo el mundo, dándole prioridad a los grupos jóvenes y andaluces.

Ha escrito y dirigido infinidad de obras teatrales, el libro de su biografía *Mi patria son las palabras*, es testimonio de sus viajes, sus exilios, sus creaciones, sus amores y su trabajo en escena. En sus últimos meses de vida pintó más de 100 dibujos con la técnica decriptoarte.

La palabra que han usado sus alumnos y sus amigos para su despedida ha sido, "maestro".

DISQUIJOTECES

Jorge Cuadrelli

En colaboración con

Fernando Moreno

Edu Bulnes

PERSONAJES

Actor /Quijote
Actor/Sancho

Cuando el público ha entrado y está acomodado en la sala, desde el fondo uno y desde la entrada el otro, ACTOR QUIJOTE *y* ACTOR SANCHO *entran rebuznando en penumbras en búsqueda del asno perdido, hasta que coinciden en un punto. En lugar del burro han descubierto al otro.*

ACTOR QUIJOTE.
Como todo rebuznante bueno
no ha cumplido usted con su promesa,
y no sabemos nada ni del burro ni del heno.

ACTOR SANCHO.
El mismo resultado incompetente
ha obtenido usted delante de esta gente.

ACTOR QUIJOTE.
Repitamos pues esta disputa
para ver si funciona en otra ruta
(Están por retomar el camino y se detienen).

ACTOR SANCHO.
Invitemos, pues, al respetable
en la disputa compartida.

ACTOR QUIJOTE.
Rebuznad todos, suavemente
que la música salga de esa mente.

El público sigue el rebuzno invitado por ACTOR SANCHO y AC-TOR QUIJOTE.

ACTOR SANCHO. *(En éxtasis).*
Sentid, que sensación que bien hallado.

ACTOR QUIJOTE.
Después de un buen rebuzno bien logrado.

ACTOR SANCHO.
Pero a pesar de todos los rebuznos
nada se supo del burro.
Sucedió que en esa historia
tan mentada y conocida,
una criada atrevida,
perdió el burro de la noria.

ACTOR QUIJOTE.
Que ese día, fíjense,
mándela yo por leña.
Ella cayó de la peña
y el burro bien que se fue.
La busqué, no la encontré.
Fui al monte, no lo hallé.
Volví al pueblo y di con él.

ACTOR SANCHO. *(Presentándose).*
Destacado bachiller
en cuestiones rebuznantes.
¿Rebuznar, es poca cosa?

ACTOR QUIJOTE.
Me dijo y yo lo creí.
Y luego, allí mismo allí,
me dijo para consuelo...

ACTOR SANCHO.
Rebuznando has de encontrar...

ACTOR QUIJOTE.
¿A mi jumento he de hallar?

ACTOR SANCHO.
Vamos juntos rebuznando
ya verás el cómo y cuándo.

ACTOR QUIJOTE.
Probamos, ya lo habéis visto
tres veces, buenos cristianos
y tres veces, fracasamos.
por eso pido e insisto
ayuda a estos hermanos,
sumándonos a este todo
rebuznar codo con codo
tan al uso de este modo. *(Saludo covid y animándose).*

ACTOR SANCHO. *(Duda).*
Pero...

ACTOR QUIJOTE.
¿Qué pretendéis...?

ACTOR SANCHO.
En llegados a este punto
Bachiller, yo me pregunto,
si este tema sea un asunto
en que el Diablo, Barrabunto,
haya metido su zarpa.
Escondiendo, así, en su carpa
el burro que usted ha perdido...

ACTOR QUIJOTE.
¿Una trampa me ha tendido?

ACTOR SANCHO.
Pudiera ser ...

ACTOR QUIJOTE
Y ahora que estoy metido
y en tal negocio embutido...

ACTOR SANCHO.
No. A esta gente le es debida
una gracia consabida.
Una ayuda a este respecto.

ACTOR QUIJOTE.
¿Por ejemplo?

ACTOR SANCHO. *(Señal con los dedos buscando).*
Algo más claro y concreto...

ACTOR QUIJOTE.
¿Rebuznar mejor? ¿Pudiera ser?

ACTOR SANCHO.
Para encontrar el jumento
necesario el instrumento.
Rebuznar será deber.

ACTOR QUIJOTE.
Pero... *(Al público).* ¿ Lo acordáis?

ACTOR SANCHO. *(Aclarando para ayudar).*
El bufido y el resoplo
son armas del principiante
comencemos y...adelante. *(Comienza con su rebuzno más grave).*

ACTOR QUIJOTE. *(Animando).*
Imitad a este señor
qué, en el tema, es un Doctor.

ACTOR SANCHO. *(Por tres veces rebuzna y es seguido por el público alternando la parte derecha con la izquierda de la platea).*
Primero la parte derecha. Luego la izquierda. Para acabar con la derecha, sin metáforas, ¡por favor!

ACTOR QUIJOTE. *(Conclusión decepcionante).*

A pesar de todos los esfuerzos
y del ejército rebuznante que se armó,
el burro no apareció...

ACTOR SANCHO.
... Vivo, se lo comieron los lobos, pero la lección que deja la historia es:

ACTOR QUIJOTE.
Que así metidos en tanto rebuznar
saldremos de aquí con título oficial...

ACTOR SANCHO.
de rebuznantes, todos,
y alguno ¡principal!

Indicando a ACTOR QUIJOTE *como el principal. Aplausos y se dirigen a comenzar la obra descubriendo que con este público se puede.*

EL REENCUENTRO

Se miran fijamente. Silencio. Se señalan. Su expresión va cambiando a sorpresa. Se ríen.

FERNANDO. Tú...
EDU. Y tú...
FERNANDO. Ha pasado tanto que no recordaba tu cara.
EDU. Yo creo que por mucho que pase, no podré olvidar la tuya.
FERNANDO. Pero te veo ahora, y no has cambiado nada.
EDU. Pues siento decirte, amigo, que tú estás bastante peor.

Se ríen.

FERNANDO. ¿Cuánto tiempo hace que no nos vemos?

EDU. Desde que te fuiste.

FERNANDO. (*Se corta la risita. Silencio*). Ya...

EDU. Hace unos... diez años.

FERNANDO. ¿Ya ha pasado tanto?

EDU. Bueno, ya qué más da.

Silencio.

EDU. ¿Dónde has estado todo este tiempo?

FERNANDO. Aquí.

EDU. Ah.

FERNANDO. ¿Y tú?

EDU. Allí.

FERNANDO. Ah.

Silencio.

EDU. ¿Y quién se ha muerto?

FERNANDO. ¿Cómo?

EDU. ¿Dónde está el entierro?

FERNANDO. No te entiendo.

EDU. Parece que estás de luto. ¿Qué son esos ánimos? ¿Te ha pasado algo?

FERNANDO. No, nada en especial.

EDU. Entonces alegría. ¡Que estoy aquí! Tu amigo, tu hermano. ¿O ya no te acuerdas de todo lo que hemos pasado juntos?

FERNANDO. Claro que me acuerdo.

EDU. Pues ahora mismo me vas a invitar a una cerveza. O las que sean.

FERNANDO. Ahora mismo me coges un poco mal...

EDU. ¿Mal? ¿Cuándo te ha venido a ti mal una birra? Tú, que después de una función o un ensayo nunca dejabas que me fuera a casa si no me tomaba por lo menos un botellín.

FERNANDO. Ya, pero yo ya no soy el mismo.

EDU. Una cerveza. Recordamos juntos viejos tiempos, y ya después, si quieres, te vas.

Silencio.

FERNANDO. Vale. Pero solo una.

Oscuro. Están entrando en una casa. Un poco borrachos. Se ríen.

EDU. Joder, pues no recuerdo muy bien esa actuación.

FERNANDO. ¿Cómo que no? Un local en una azotea. Que se puso a llover y se nos mojó toda la ropa. Y aun así seguimos.

EDU. ¡Ah sí, sí! (*Se ríe*). El peor sitio donde hemos actuado, ¿eh?

FERNANDO. Seguro que hay otro peor.

EDU. Seguramente...

Se sientan. EDU *mira alrededor.*

EDU. Así que es aquí donde vives, ¿no?

FERNANDO. Eso intento.

EDU. ¿Y qué? ¿Cómo te va?

FERNANDO. Bueno... ahí voy.

EDU. ¿Te sirvió de algo dejarlo todo y venirte aquí?

FERNANDO. Eh... (*Titubea*).

EDU. ¿Has cumplido tu sueño, o no?

FERNANDO. (*Silencio. Mira a* EDU). No.

EDU. ¿No? ¿Y qué haces entonces?

FERNANDO. (*Cambiando de tercio*). Pero, ¿y tú qué? Te veo bien. Te veo feliz.

EDU. (*Ríe*). Sí, bueno. Sigo en la lucha, como siempre. Haciendo lo que sale y lo que me dejan. Pero sí, feliz. Mientras haga teatro...

FERNANDO. Joder, pues sí que hace tiempo que no me subo a un escenario.

EDU. ¿En serio?

FERNANDO. Y tanto.

EDU. ¿Y cómo se ha sostenido este mundo sin ver en las tablas al mejor actor-recitador de España? *(Se levanta y lo imita muy exagerado).* "Disculpen vuesas mercedes, pero solo ha sido una interrupción temporal..." *(Se ríen).*

FERNANDO. Qué hijo de puta. ¿Y tú? *(Se levanta y lo imita muy exagerado).* "¿Cuántas veces tengo que morir? ¿Cuántas? ¡¿Cuántas?!" *(Se ríen).*

EDU. Qué bien lo pasábamos, ¿eh?

FERNANDO. Y cómo lo echo de menos.

Silencio.

EDU. ¿Y también echas de menos que nos pagaran con botellines?

FERNANDO. Bueno...

EDU. ¿Y que nuestros camerinos fueran baños de minusválidos y almacenes muy pequeños? ¿Y que entraran borrachos gritando en mitad de nuestras funciones? ¿Todo eso también?

FERNANDO. Pues, ¿quién lo diría? Pero sí, echo mucho de menos todo eso.

EDU. Entonces es que no estás bien de la cabeza...

FERNANDO. Eso será... ¿Otra?

EDU. No, ya es un poco tarde. Mejor me voy, que mañana tengo que volver a casa. *(Se levanta).* Ha sido bonito este re-encuentro. Ojalá pase menos tiempo hasta que nos volvamos a ver.

FERNANDO. Ojalá.

EDU empieza a irse. Justo antes de desaparecer, FERNANDO *lo para.*

FERNANDO. Tendríamos que hacer algo.

EDU. ¿Qué?

FERNANDO. Que tenemos que montar algo.

EDU. ¿Algo cómo qué?

FERNANDO. Algo, como antes.

EDU. Si me dieran un euro por cada vez que he escuchado: "Tío, tenemos que montar algo", tampoco sería millonario, pero cien o doscientos euros tendría. *(Se ríe).*

FERNANDO. De verdad, esta vez lo digo en serio. *(Silencio).* Quédate.

EDU. ¿Cómo?

FERNANDO. Quédate aquí, conmigo. Tengo una idea.

EDU. *(Resignado).* ¿Una idea que se te acaba de ocurrir ahora?

FERNANDO. No. Se me ocurrió hace tiempo. Pero no he encontrado el momento.

EDU. ¿Y ahora sí es el momento?

FERNANDO. Sí.

EDU. ¿Y puedo saber por qué?

FERNANDO. Porque estás tú. Has aparecido como un rayo de luz que ha iluminado mi oscuridad.

Silencio. Se ríen.

EDU. Estás borracho, ¿eh, poeta?

FERNANDO. Sí. Pero estoy muy en serio. *(Muy entusiasmado).* Tendríamos que volver a lo que éramos.

EDU. Bueno, bueno... tranquilo. Tú cuéntame tu idea y ya vemos.

FERNANDO. *(Silencio).* Don Quijote y Sancho Panza.

EDU. ¿Quijote y Sancho? ¿Esa es tu gran idea?

FERNANDO. Sí. Pero no. Son Quijote y Sancho sacados de la novela. Contándole al público.

EDU. ¿Contándole al público qué?

FERNANDO. Sus cosas. Sus historias. Cómo se sienten.

EDU. Ah...

FERNANDO. Qué piensan de la propia novela. Qué opinan de Cervantes.

EDU. Sí.

FERNANDO. Quieren mostrarnos cuáles son sus sueños. Ya que han estado todo este tiempo condenados a los caprichos de un autor que elegía las palabras que salían de sus bocas.

EDU. Lo entiendo. Pero creo que aún no termino de verlo.

FERNANDO. Ya. Todavía hay que afinarlo.

EDU. Ah...

FERNANDO. Lo único que tengo claro es el comienzo.

EDU. Ah, ¿sí?

FERNANDO. Sí. Entramos rebuznando.

EDU. ¿Rebuznando? ¿Cómo los burros?

FERNANDO. No. Como tu prima.

Se ríen.

EDU. ¿Quijote y Sancho rebuznando?

FERNANDO. No, ellos no. Es un pasaje de la novela, donde un hombre pierde su burro y va a buscarlo con más gente. Y lo buscan así. Rebuznando.

Rebuznan un poco. Se ríen.

EDU. ¿Y cómo se te ha ocurrido todo esto?

FERNANDO. Estaba en una librería anticuaria. Y, de repente, vi un libro muy especial. Alguien anónimo había escrito esos versos sobre El Quijote. Y parecía que me llamaba.

EDU. ¿Librería anticuaria? ¿Anónimo? Qué misterioso todo.

FERNANDO. Y ha estado guardado. Esperándote a ti.

EDU. Enséñamelo, ¿no?

FERNANDO. Todavía no me has dicho si lo vas a hacer o no.

EDU. Si no lo fuera a hacer, ¿qué iba a hacer yo aquí?

Silencio. Sonríen. FERNANDO *va a por el libro.*

FERNANDO. Atento, porque aquí es donde empieza todo.

Abre el libro.

Los dos actores dan un rodeo al "círculo mágico" y se adentran a un nuevo mundo. Se van vistiendo con ropas que van encontrando por el escenario. Se surten de las herramientas propias de cada uno. Véase: una lanza, la bota, las máscaras... y se suben en sus animales. Un caballo de madera y un burro hecho con un triciclo.

DON QUIJOTE Y SANCHO PANZA

Llegando de ninguna parte, dos figuras inmortales, Don Quijote, el de la Mancha, y aquel otro Sancho, el de la Panza.

QUIJOTE.
¿Es aquí, Sancho?

SANCHO. *(Bajando de su burro).*
Aquí es, señor.

QUIJOTE. *(Bajando del caballo y mirando hacia el lado erróneo).*
¿Es aquí?

SANCHO. *(Girándolo hacía el lugar correcto).*
Aquí es, señor.

QUIJOTE.
Yo he conocido esta tierra,
en que...

SANCHO. (*Interrumpiendo*).
...No Maestro, aunque quiera,
ese lugar no es el nuestro.
¿No recuerda usted la saga
de caballeros y andanzas,
de molinos insolentes,
de su rocín en los huesos
y de adargas y mudanzas?

QUIJOTE.
Dices bien...
(*Queda con la mirada extraviada esperando la inspiración que no llega, finalmente se decide*).
En Santa Gadea de Burgos,
do Juran los Fijosdalgos...
(*Vuelve a ser interrumpido por* SANCHO).

SANCHO.
¡Que no maestro, que no!
Otro tiempo es el del Cid,
aunque fue buen caballero.

QUIJOTE *le roba la palabra.*

QUIJOTE. (*Exagerando*).
Considero, en mi humildad,
para mí fuera el Primero...

SANCHO. (*Conciliador y bebiendo de la bota*).
Razón tiene usted Maestro.
Tengámoslo como nuestro.

QUIJOTE. (*Sintiéndose reafirmado, sube a un banquito para lanzar su sermón lleno de fervor por sus palabras*).

Un caballero son todos,
con la espada o con la lanza,
son la Historia, su hidalguía,
porque el valor no descansa,
ni de noche, ni de día.

SANCHO. *(Bebiendo de la bota y mirando a* QUIJOTE*).*
No se altere mi señor,
baje usted de ese peldaño,
no vaya a ser, por favor,
que se haga usted mucho daño.

QUIJOTE. *(Baja, haciéndose ayudar por* SANCHO*, y ceremonio-
samente mima abrir la gran página de su historia).*
En un lugar de la Mancha,
de cuyo nombre no quiero acordarme...

SANCHO. *(Al público).*
Esta es la parte que conoce todo el mundo. El resto, no ha tenido tanta suerte. Viendo el libraco, la gente, sin paciencia, pasa
veloces las páginas y...
(Retomando la interpretación).
...se detiene en algún hueco.
Busca, curiosa, la escena
del molino y de sus penas,
cuál si fuese una condena,
llegando así a Barataria.
Que, ya tocando el final,
yo cambiaré mi papel,
y de escudero tan fiel,
adquiriré por derecho,
la nobleza que no tuve,
porqué siempre me entretuve
espantándome las moscas,

durmiendo cuando podía,
(Patético).
descansando bajo un árbol
o buscando pan y queso
y ahora cuando mis huesos,
sienten el peso del tiempo...
(Se da cuenta que QUIJOTE *se ha dormido y para disculparlo endereza el verso y su intención).*
...sentadito lo contemplo,
con pena, pero con garbo,
y digo *pa* mis adentros:
(Nostálgico y gritando).
¿Cuántos años han pasado?
¿Cuándo dejé mi Condado?
(Reacciona).
Por llamarlo de algún modo,
andando codo con codo
y unir a usted mi destino...

QUIJOTE. *(Reaccionando para corregirlo).*
¿Qué dices Sancho, por Dios?
¿Que siempre hemos sido dos?

SANCHO. *(A sus pies).*
No me arrepiento, señor.
Agradezco su amistad,
su cariño, su paciencia
y hoy brindo mi reverencia
a la ocurrencia que tuvo:
arrancarme de la nada,
hacer la ruta morada
y dormir a la intemperie.
(Imitando a QUIJOTE*).*
Porque la andanza es andar,

adelante, sin volver
la mirada en el marchar,
envolverse en una manta,
y encomendarse a una santa
cuando el frío o la nieve,
cuando graniza, o si llueve.
(Poseído).
Buscando así su camino
sin encontrar la posada,
andando así hacia la nada
en busca de un vil destino...

QUIJOTE *reacciona despertando y, rabioso, se encara a* SANCHO *con vehemencia.*

QUIJOTE.
Me aburres Sancho, me aburres.
Te portas como un cretino...
(Se da cuenta que se ha pasado y retoma la solemnidad patética).
Déjame morir tranquilo,
soñando con un molino,
a la sombra del tal cual,
se asoma el amanecer...
(Haciéndole un gesto para que lo ayude a levantarse. SANCHO *lo imita sin entender. Hasta que lo entiende y lo ayuda).*
Dulcinea, mi querer,
(SANCHO no quiere oír hablar de Dulcinea).
que en la contienda de ayer
fuiste mi luz y mi ser...
(Se queda pillado y se detiene como despertándose de un sueño).

SANCHO. *(Paternal)*.
No siga usted por ahí,
Don Quijote de la Mancha.

Dulcinea se marchó.
Y me pidió que, al volver,
A usted le diera yo aquel beso
Que ella quiso devolver.

SANCHO *se prepara para besar en la mejilla a* QUIJOTE. *Lo besa.*
Este lo mira sorprendido. SANCHO *se va agachando asustado.*

QUIJOTE. *Dulcinea...*

SANCHO. *(Levantando la voz).*
Si me permite, Señor,
quisiera yo recordar
cómo es que empezó su historia.
Despertarle la memoria.
Y si tiene alguna duda,
yo me puedo acomodar,
ciertamente, a su capricho.
Si recuerda lo que dijo,
en la venta que encontró,
y creyó que era un castillo.
Le puedo yo asegurar,
sin perderle mis respetos,
que todo fue un inventar.
Que hasta los mismos sonetos
que pudo usted componer,
son hijos de la ilusión,
dislates de la razón.
Y que las mismas doncellas,
en la venta de ocasión,
no eran discretas, ni bellas,
más bien, livianas rameras.
Que viéndole en un apuro,
pensaron, lo más seguro,

qué, engañándole de veras,
le ganaban algún duro.
Entre risas y requiebros,
que si el Tajo, que si el Ebro,
mientras que usted presumía
de ser caballero hidalgo,
en tanto, sólo tenía
perro flaco, y era galgo.

QUIJOTE. *(Bajando de la silla como si fuese su camastro, reflexiona).*
Ahora veo, estoy seguro,
que el dueño de aquella venta
era andaluz que se inventa
ser castellano muy puro.
¡Maldito! Yo lo judico,
y aquí mismo, lo predico.
Que al jurarme caballero
yo creí que fue sincero.
Nombrome con sus palabras,
que yo mismo le pedí,
y por eso le ofrecí
lo poco que nos quedaba.
Tocó tres veces la aldaba
para sellar el invento.
Ungió mi escudo de ungüento
traído de Tierra Santa,
por poco no me levanta
la lanza para un milagro.
"Aquí mismo, yo consagro"
dijo aquel falso ventero,
jurando fidelidad
a la orden y hermandad,
y me dejó sin dinero.
Al igual que aquellas damas,

que yo traté cual princesas,
no me cabe en la cabeza
que fueran putas cual dices,
de los pies a las narices.
(Desengañado).
¿Entonces, fue una ilusión?

SANCHO. *(Consolándolo después del bajón compartido).*
O acaso fue una invención
que nació de aquellos libros
que usted leyó con esmero,
poco más que exagerado,
quedándose atolondrado
por intentar ser primero.

QUIJOTE. *(Recuperando la dignidad).*
Pues así tenía que ser,
con mi rocín bautizado,
con mi lanza e indumento,
faltaba algún juramento
del primero que encontrara.

FERNANDO *y* EDU *se miran fijamente. Silencio.* EDU *no se acuerda del texto. Sale del círculo.*

EL ENTUSIASMO

EDU. ¡Joder! Siempre se me olvida esta parte.
FERNANDO. Hay que cuidar la memoria.
EDU. Lo siento, pero no hay quien retenga tanto verso.
FERNANDO. Ya, claro.
EDU. ¿Ya claro?

FERNANDO. Ya. Claro.

EDU. ¿Crees que no he estudiado?

FERNANDO. Yo no he dicho eso.

EDU. ¿Y crees que es necesario toda una obra de teatro en verso en pleno siglo XXI?

FERNANDO. ¿Qué problema tienes con el verso?

EDU. ¿Yo? Ninguno.

FERNANDO. Ah...

EDU. Solo que, quizá, toda la obra en verso es demasiado, ¿no crees?

FERNANDO. ¿Pues no hemos hablado ya sobre esto? Confía en el verso. Esto, hoy en día, es romper con lo establecido.

EDU. Sí, eres muy vanguardista...

FERNANDO. Pues quizá sí.

EDU. En fin. Si en realidad confío en ti. Y probablemente más de lo que debería... Bueno, sigamos desde la maldita parte que siempre olvido. (*Se coloca en la posición de antes y lee*). "No se altere maestro, que no soy el ventero. Soy Sancho Panza, el mejor amigo del mundo entero".

Silencio. Le toca a FERNANDO*, pero mira al infinito pensativo.*

EDU. ¡Ey! ¡Que estamos ensayando! (*Silencio*). ¿Qué piensa esa erudita cabeza tuya?

FERNANDO. Estoy pensando en el caballo de Don Quijote.

EDU. ¿En el caballo?

FERNANDO. De Don Quijote.

EDU. Ya. No querrás meter a un caballo de verdad, ¿no?

FERNANDO. No.

EDU. Porque eso es maltrato animal.

FERNANDO. Que no.

EDU. Bueno.

FERNANDO. Pero, ¿y si lo hiciera un actor?

EDU. ¿Que hiciera qué?

FERNANDO. De caballo de Don Quijote.

EDU. ¿Y otro que hiciera de burro de Sancho Panza?

FERNANDO. Podría ser.

EDU. Pero tendría que ser bajito.

FERNANDO. Y gordo.

EDU. Y con las orejas de pico.

FERNANDO. ¿Y si se hicieran amigos?

EDU. ¿Quién?

FERNANDO. El caballo y el burro.

EDU. ¿Y trazan un plan para vengarse de sus dueños?

FERNANDO. Claro, por tantos años de maltrato animal.

EDU. Y sería entonces Don Quijote quien llevara a su caballo a las espaldas.

FERNANDO. Y Sancho a su burro.

EDU. No, que entonces a mí me toca el gordo.

FERNANDO. Pues, ¿qué propones?

EDU. Que vayan en moto.

FERNANDO. ¿Quién?

EDU. Sancho y Quijote.

FERNANDO. ¿Sancho y Quijote?

EDU. Sí. Y son dos chavales de hoy en día.

FERNANDO. ¿Sancho y Quijote del siglo XXI?

EDU. Eso sí que es rompedor. Y no el verso.

Silencio. FERNANDO *mira a* EDU *desafiante. Rompen a reír.*

EDU. Me sorprende lo motivado que estás, la verdad.

FERNANDO. Llevo mucho tiempo pensando en cuándo volveríamos a esto. Estoy ilusionado, sí.

EDU. Tu ilusión me motiva más que cualquier idea. ¿Será esta la definitiva?

FERNANDO. Espero. ¿Te imaginas?

EDU. Yo imagino mucho.

FERNANDO. Ensayos pagados...

EDU. Una gira por toda España...
FERNANDO. Y parte de Latinoamérica...
EDU. Dados de alta...
FERNANDO. Teatros llenos...
EDU. Algo que contar...

Silencio.

FERNANDO. Bueno, yo con que salga la obra *palante* me conformo. ¿Seguimos?
EDU. Venga. ¿Qué viene ahora?

QUIJOTE. *(Alarmado).*
¡Callaos! ¿Qué es lo que veo?
Un gigante, brazos largos,
está viniendo hacia acá.
¿No lo estás viendo, cegato?

SANCHO.
Señor, por Dios, que es un sueño,
un delirio, una obsesión.
Usted busca una ocasión,
de sus visiones no es dueño.
Confunde vigilia y sueño,
y seguro un coscorrón
me dará por desdecirlo,
pero obligado yo estoy
a decirle la verdad:
considero gravedad
en este asunto de hoy
y, aunque usted lo negará,
a impedirlo ya me voy.

QUIJOTE. *(Conteniéndolo).*

Calla, maldito sirviente,
¿no lo ves? Es evidente.
Dame la lanza, el escudo
y mi rocín ensillado,
quédate aquí, bien callado,
que cobarde y testarudo
no me sirves. Eres necio,
¡este azar no tiene precio!
(*Consigue alguna de las prendas y arranca, escapando al control de* SANCHO).
Allá voy a la carrera,
jugando mi vida entera
y el honor con que juré
servir siempre a Dulcinea.
Espero que ella lo vea
antes que llegue mi muerte.
Enardecido en plena lid imaginaria.
Ya voy probando mi suerte:
si más grandiosa, mejor,
ya no me importa el dolor.
¡Amor, que ya puedo verte!

SANCHO. (*Poniendo toda su paciencia, intenta detenerlo. Subido en su burro*).
Señor, le pido, señor,
se lo ruego por favor,
¡que son molinos de viento!
y es de veras que lo siento...

QUIJOTE. (*Echándole aparte*).
Te burlas, gran alcornoque.
No me distraigas, por Dios,
porque escuchándote a vos,
puedo errar un gran estoque.

Ya no hay quien me provoque
Sin llevar su merecido.
Si un gigante sale herido,
matarlo, será deber.
Y si me habrán de vencer
con sacrificio y honor,
pediré a Dios un favor:
Que en el día de mi muerte
ella recuerde esta suerte
que le brindo con mi amor.
Venid. Venid, gigantes grandiosos.
Que estos brazos generosos
Ya se ofrecen para ti
Dulcinea del Toboso...

SANCHO.
Señor, señor, una sugerencia.
Me disculpe la injerencia
pero la cosa es urgente.
Se me ocurre, de repente
que la cosa acaba mal,
apenas ha comenzado
esta historia tan mentada
y ya parece acabada
y con su honor mancillado...

QUIJOTE.
Silencio, perro cobarde
¿No ves que este cielo arde?
¿Y por qué?
Es su grandeza divina
Es su perfecta presencia
de su rostro, su inocencia,
al que el gigante se inclina.

Más dispuesto, yo ya estoy
y galopado ya voy
Para ofrecer a mi dama,
como homenaje este drama,
que si mi sangre se derrama,
nunca en vano lo será
y ella nunca olvidará,
mi entrega, mi amor sin fin.
y hasta el maldito más ruin,
tendrá que enfrentarse a mí.

SANCHO. *(Se incorpora desde el suelo, donde lo ha empujado* QUIJOTE*).*
Quedo, señor don Quijote.
Vuelva en sí, que sólo es hambre
el motivo carajote
que impulsa al pez como al hombre

DISQUISICIONES SOBRE LA NOVELA

QUIJOTE.
Observando la estructura
de cada escena o ventura
veremos que la locura,
siempre a Quijote procura

SANCHO.
Mientras que a este cachafaz
se le tiene por veraz
a pesar de su torpeza,
porque igual que en su cabeza

QUIJOTE.
A todos nos representa,

su existencia experimenta
haciendo pasar por bueno
tanto al rayo como al trueno.

SANCHO.
Y la historia se repite.
Cualquier suceso se admite

QUIJOTE.
Ninguna de ellas se omite,
al tratarme cual cencerro,
maltratado como un perro,
en esto no creo que yerro

SANCHO.
Esto vengo yo a decir.

QUIJOTE.
No, esto tocaba a mí.
Principal damnificado
Por la trampa del poeta,
que me encerró en la receta

SANCHO.
Quijote, loco desquiciado.

QUIJOTE.
Por amor, siempre frustrado.

SANCHO.
Nunca podrá triunfar,
ni sus batallas ganar

QUIJOTE.
Antes de cualquier combate,
todos saben que es dislate

SANCHO.
Por eso, todos festejan,
que el cuento acabe en tragedia.

QUIJOTE.
Haciendo que la comedia
de la humana condición,
parezca competición.

SANCHO.
Que no encuentra una razón.

QUIJOTE.
Así ordenada la suerte.

SANCHO.
Inevitable será,
que todo acabe en...

QUIJOTE y SANCHO.
¡La muerte!

Caen al suelo, como muertos.

ESCENA DEL MALAMBRUNO QUE DESAFÍA A QUIJOTE

Los personajes han llegado a una especie de cueva. No saben cómo, no saben dónde. El primero en despertar es SANCHO.

SANCHO *intenta despertar a* QUIJOTE. *No sabe dónde está. Está asustado. En un momento, algo pasa por su cabeza. Se ríe y se dispone a gastarle una broma a* QUIJOTE.

SANCHO.
Quién osa pisar mi tierra, erra, erra.
(QUIJOTE no despierta y lo vuelve a intentar).
Quién osa pisar mi tierra, erra, erra.
(QUIJOTE no despierta y lo vuelve a intentar más fuerte).
Quién osa pisar mi tierra, erra, erra.
Sin honor y sin vergüenza,
se llevará en su conciencia
este hierro que no yerra.
(Llamando a QUIJOTE).
Señor, hablando está Malambruno.

QUIJOTE. *(Asustado).*
¿Malambruno?

SANCHO.
Si, Malambruno.
Y sostiene que ninguno
le gana en el desafío.

QUIJOTE.
Yo venceré a ese impío.
¿Cuál será entonces el reto?

SANCHO.
¿El reto?

QUIJOTE.
Si, claro.

SANCHO.
Ya, cómo no, el reto.

(Haciendo como que oye a Malambruno hablar y traduciendo el reto).

Habla de cruzar los cielos,
truenos, rayos y centellas,
sin provocarle desvelos.
De llegar a las estrellas
atravesando algún cirro.
De luchar con sus esbirros
sin que le haga a usted mella.
Pasar del frío al calor
en un tiempo muy escaso.
Y si vuelve usted al ocaso,
lo nombrará vencedor.
Todo esto, por supuesto,
sin que usted pueda ver nada...

ACTOR QUIJOTE. ¿A tientas?

ACTOR SANCHO. (*Muy seguro*). Cara tapada.

SANCHO.
Venid, venid caballero andante ,
que de ahora en adelante
no seréis, maldito tunante,
ni caballero ni andante.

QUIJOTE.
¿Estáis oyendo, Escudero?
Si ofendido fui primero
tal desafío yo acepto
por honor y por concepto.
Dicho queda y adelante,
venga pues ese caballo,
crines blancas y algo bayo.

SANCHO.
Me pregunto si al dislate que vos,

en duelo con Malambruno,
debemos irnos los dos
o es mejor que lo sea uno,
vos.

QUIJOTE.
¡Cobarde! Tú tienes miedo,
el valor te importa un bledo.
Me estás diciendo... ¡Me quedo!

SANCHO *se enfada fundiendo el conflicto como actores y personajes.*

SANCHO.
Ya veo, has vuelto a meter el dedo
donde más puedes herir.

QUIJOTE.
Sube presto a este caballo que tenemos que partir.

SANCHO.
¿Dónde, Señor dónde?

QUIJOTE.
Donde el misterio esconde
en los cielos, en las nubes.
Te cubres los ojos y subes...

SANCHO.
Señor, tengo mis reservas

QUIJOTE.
No me vengas con monsergas

SANCHO.
¡Malambruno es ese moro.
Vende su alma por oro.
Don Quijote de la Mancha,
le vencerá en la revancha.

QUIJOTE.
Ya escucho, Sancho, la gloria.
Estamos haciendo historia.

SANCHO.
Puede ser que la memoria...

QUIJOTE.
No pierdas tiempo cobarde,
la cosa ya está que arde.

SANCHO.
(Acercándose a pedir ayuda, coge un pañuelo).
Aquí me llega un pañuelo
ya en los ojos siento el velo.

QUIJOTE.
Te servirá de consuelo
en esta historia infinita
más grande y llena de celo
que el Archipreste de Hita.

SANCHO. *(Improvisa un abanico para echar aire, si es chino grande mejor, si es pequeño y luminoso sería patética y oníricamente bueno)*.
Ya siento el aire, la brisa.
Imagino su sonrisa
al haberme convencido.

¡Qué importa si salgo herido!
(Pullita). ¿Verdad?

QUIJOTE.
Basta ya de impertinencias.
Estamos cruzando el cielo.
Los ángeles de la guarda
nos ponen una cocarda
como premio al desafío.

SANCHO.
Señor, voy teniendo frío.
(Al público). ¡Está nevando, señor!

QUIJOTE.
En la segunda estación
encontraremos los rayos,
que corren como caballos
sobre nubes de algodón.

SANCHO. *(Interactuando con el público y con* QUIJOTE *a la vez)*.
¡Escuchad esos estruendos!
Van y vienen con su eco,
hay que ajustarse el chaleco,
son unos ruidos tremendos.
(Incita a subir el volumen).

QUIJOTE.
¡Cuánto deseara yo ver,
a mi dama, en esta silla!
Acompañarme, asombrarse
de estas tales maravillas.
En lugar de soportar a un escudero por millas.

SANCHO.
Ahora siento yo el calor
y no será, por favor
(Con segunda intención) que el evocar a su Dama...

QUIJOTE.
Nada hay en esta trama
que tenga el nombre de ella.
Siendo más pura y más bella
que la misma eternidad...

SANCHO.
Yo la juzgo, gran fealdad.
cochina porquera, guarra...
(Incita a sumarse al público).

QUIJOTE.
No me tires de la zamarra.

SANCHO.
Perdón, señor, hemos llegado.
La historia ya se ha acabado.
En este papel está escrito
sentencia, que hemos ganado.
¡Fin del viaje, con un bravo!

QUIJOTE.
Quítate de la cabeza
ese pañuelo de ciego.
Que pareces como un griego
que se escapa de los turcos.

SANCHO.
Mira, aquí tengo surcos
de la emoción, del espanto.

Imagino que en Lepanto
el manco corrió esa suerte
cuando le miró la muerte...

QUIJOTE.
(*Seco*). ¡Acaba con esa historia!
¡Ay...escudero canalla!

SANCHO.
Pero mi señor...

QUIJOTE.
¡Y calla!
¿Me tomas por mentecato?

SANCHO.
Confieso que no le entiendo.

QUIJOTE.
¿Crees qué no me percato?

SANCHO.
Yo solo digo...

QUIJOTE.
Todo el tiempo fui testigo
de tus atrevidas tretas.
No hubo nubes ni cielos.
Todo eran jugarretas.

SANCHO.

Fue Malambruno, señor,
el que le instó al desafío.
Le juro que no fui yo.

QUIJOTE.
(*Amenazándolo*). ¿Quisieras probar mi estoque?

SANCHO.
¿Pero usted no sintió el frío?

QUIJOTE.
¡Te seguí el juego, alcornoque!

SANCHO
Yo le juro que volamos...

QUIJOTE.
¡Quedo! Ya no me fío.
Has traicionado el honor
que te cedí al encontrarte.
No pienso ya confiarte
parte alguna del corazón...

ACTOR QUIJOTE *sale del círculo*.

PRIMERAS DUDAS. VIEJOS FANTASMAS

FERNANDO *está en una esquina preocupado. Llega* EDU.

EDU. ¿A qué viene esa cara de esparto?
FERNANDO. El mismo problema de siempre.
EDU. ¿Y cuál es ese problema?
FERNANDO. El dinero.
EDU. ¿Qué ha pasado?
FERNANDO. El vestuario que queremos se va de precio. La escenografía que tanto nos gusta se va de precio. El diseño del cartel, el de iluminación y la música original que queremos, también se van de precio.
EDU. ¿Y si buscamos algo más barato?

FERNANDO. Se va de precio.

EDU. Bueno, no hay que rendirse. Podemos pagarles a todos con lo recaudado en el estreno.

FERNANDO. ¿Cuánto crees que vamos a sacar? ¿En qué mundo vives?

EDU. Eh, eh. Que solo intento ayudar. (*Silencio*). También podríamos habernos ahorrado algunas cosas.

FERNANDO. Ah, ¿sí? ¿Cómo qué?

EDU. ¡Como las máscaras!

FERNANDO. ¡¿Las máscaras?!

EDU. Sí, las máscaras. Un dineral en algo que no vamos casi a usar.

FERNANDO. ¡Esas máscaras representan mucho más de lo que parecen!

EDU. (*Relajando el ambiente*). Bueno, tranquilo. No tengo nada en contra de las máscaras. Era por decir algo. No te preocupes, este es el primer bache en el camino. Lo superaremos.

FERNANDO. Ah, ¿sí? Ya me dirás cómo.

EDU. Tengo algo ahorrado.

FERNANDO. ¿Quieres tirar el dinero?

EDU. ¿Tirar el dinero? Vamos a recuperarlo. ¿Recuerdas? Giras... Teatros llenos... No te vengas abajo. Tenemos una historia que contar.

Silencio. Se miran.

FERNANDO. ¿Por qué nos metimos en esto?

EDU. Fuiste tú el que me lo pidió.

FERNANDO. ¿Y por qué me hiciste caso?

EDU. Porque confío en ti.

FERNANDO. Pues quizá no deberías. Porque ni yo confío en mí. Volvemos a empezar con la ilusión del que desconoce que más adelante hay un enorme agujero por el que siempre terminamos cayendo. La historia se repite, una y otra vez. Volvemos a estar al borde del abismo.

Silencio. Cambia la luz. SANCHO *echa agua en la palangana y prepara a* QUIJOTE *para bañarlo.*

SOLILOQUIO

QUIJOTE.
El vano tiempo que audaz sonríe,
se burla de mi ingenio y de mi suerte.
Audaces libros compusieron ya mi muerte,
por eso digo y desafío a la negra Parca, no se fíe.
Esclavo soy de las letras de otro hombre.
No he podido elegir, siquiera un nombre,
me lanzaron así, desprovisto de fortuna;
con este escudero que siempre está en la luna.
¿Qué podría hacer yo en tales circunstancias?
Poneos vos, imaginad, ¿son extravagancias?
Pregunto, por qué yo no sé, por eso predico,
a que por estos versos que ahora os indico...

SANCHO. (*Implorante ante la crisis de su amigo*).
Maestro, amigo, colega...
siento interrumpirle en la brega.
Afirmo y acierto que muerto está el verso.
Y con el morirán, sea el moro que el converso.
Ánimo, amigo mío,
no caigas en la tristeza
que provoca esa maldita,
a veces, Naturaleza.
¡No acompaña, se encabrita!

QUIJOTE.
Lamento que no conozcas,

los secretos del amor y más cosas,
pues quién sabe,
hay veces, qué duda cabe,
no somos dueños del tiempo,
ni tampoco del destino,
y por eso confundimos
tanto el agua como el vino,
cegados por el deseo.

Se queda paralizado, en el horizonte ha descubierto algo cual aparición.

Porque, sin vacilación,
el placer, no hay duda,
que así se esconde
para el ciego o para el conde.
Sufrir a cualquier edad
esa triste enfermedad
que algunos llaman amor
y que alterna en su camino,
alegrías y dolor.
Esas cosas, yo conmino.
El poeta nunca niega,
en diez libros de fortuna,
do una mujer es la luna,
que te da luz o te ciega.

RANCHERA PARA DULCINEA

QUIJOTE.
De amor, quisiera morir
por la dulce Dulcinea.

No es pecado, que yo crea,
que la vea o no la vea.
Por ella habré de partir
al camposanto, a esperar,
en los años venideros,
y que puedan madurar
sentimientos verdaderos
en su joven corazón:
amor, ternura y pasión.
Y si, quizás, el dolor
por mi muerte le atrapara,
quisiera que mi sonrisa,
al despertar se encontrara.

De amor, quisiera morir
por la dulce Dulcinea.
No es pecado, que yo crea,
que la vea o no la vea.

Cuando escuche mis hazañas,
que son verdades, no mañas,
que los juglares las cuenten
de pueblo en pueblo, en mil versos.
¡Escuchen!, ya están viajando
por todos los universos.
Y que los grandes poetas,
en sutiles pergaminos,
escriban de mis caminos,
de mi honor y mi prestancia,
que nunca tuve arrogancia,
mucho, sí, valor, constancia
para entregarme a la lid,
creyendo ser adalid,
todo inspirado en su amor.

De amor, quisiera morir
por la dulce Dulcinea.
No es pecado, que yo crea,
que la vea o no la vea.

SANCHO. *(Al público pidiendo el dinero).*
Señores, fuimos testigos
de este romance rotundo
y así lo vamos contando,
vestidos de vagabundos,
miserables y errabundos.
Pero sabed comprender,
qué, a veces, en este mundo,
la limosna es dignidad.

*(Se ha sacado discreto el sombrero y ahora lo pone con evidencia
para pedir).*

Echadla con liviandad,
con arte y con elegancia,
en este sombrero nuevo,
puesto así por circunstancia.
Y así, si vuestra paciencia,
solicita otras historias,
de caballeros andantes,
nosotros, como tutores
de la memoria sagrada,
os pondremos en bandeja,
mil historias inventadas.
Haciendo que tales hechos,
os dejen bien satisfechos
y a nosotros... más derechos...
Así lo quiso Cervantes,
Que de muchos fue maestro,

¡la palabra, libre al viento!

Sancho se va.

PRECRISIS

FERNANDO *está desmontando después de una función. Está cansado. Entra* EDU, *cansado también, con dinero en la mano.*

EDU. Aquí está nuestra parte.

FERNANDO. ¿Cuánto por cabeza?

EDU *le da el sobre a* FERNANDO. FERNANDO *lo mira. Silencio. Se desespera.*

FERNANDO. ¿Qué es esto? ¡¿Esto es lo que valemos?!
EDU. Han entrado 26 personas. ¿Qué esperabas?
FERNANDO. ¡Esto es una mierda!
EDU. Ya, lo sé.
FERNANDO. ¡Nunca vas a recuperar lo que invertiste!
EDU. Eso no importa ahora mismo.
FERNANDO. ¿Cómo pretenden que viva con este dinero?
EDU. Bueno, con la mitad de ese dinero. En ese sobre está lo de los dos.

FERNANDO *parece que va a explotar, pero se viene abajo.*

FERNANDO. Todo se derrumba. Esto ha sido un error.
EDU. Es el comienzo. Y los comienzos son duros.
FERNANDO. ¿Crees que esto va a mejorar? ¿Crees que en la próxima función el teatro estará lleno y ganaremos tanto dinero como para pagar el alquiler de todo un año?
EDU. Hay que tener paciencia.

FERNANDO. Sí, ya.

EDU. Como tú siempre me dices: "Confía en Quijote y Sancho, ellos nos salvarán". Poco a poco la gente nos conocerá y empezaremos a tener más funciones. Solo es cuestión de tiempo. ¿No era esta la idea definitiva?

FERNANDO. No. Esta idea solo es otra más. Otra que tirar al cubo de las ideas de mierda que solo han servido para hundirnos aún más en la miseria.

EDU. No digas eso. Esta obra tendrá el reconocimiento que se merece.

FERNANDO. ¡¿Y qué importa lo que merezca esta obra?! ¿Qué más da lo que merezcamos nosotros? El teatro nunca te devuelve lo que debería. ¡El teatro es una mierda!

EDU. ¿Cómo puedes decir eso? El teatro es nuestra vida.

FERNANDO *empieza a reírse.*

EDU. ¿De qué coño te ríes ahora?

FERNANDO. Eres un ingenuo.

EDU. (*Explota*). Pero, ¿quién te crees que eres? ¡¿Piensas que todo gira en torno a ti?! Que soy un ingenuo... ¡Estoy aquí porque tú me lo pediste! Fuiste tú el que metió en mi cabeza la idea de que esta obra acabaría con todos nuestros desengaños. Con todas las desilusiones. ¿Y a la primera de cambio tiras la toalla? ¿Todo se desmorona con el primer obstáculo? Das vergüenza. Llegué a pensar que todo había cambiado, que esta vez era de verdad. Noté en tus ojos un brillo que no veía desde aquel tiempo en el que nos subíamos a un escenario por primera vez. Por eso te creí. ¡Por eso lo dejé todo para quedarme aquí contigo! ¡¿No te das cuenta de todo lo que he hecho por ti?! Ahora veo que todo ha sido un engaño. Una ilusión, una quimera. Como diría tu maldito Quijote. Estoy harto de tirar de todo esto. Harto de darte unos ánimos que ni yo mismo tengo. Solo te pido que salgas de ese enorme agujero al que tú mismo has saltado.

Al menos para la función que nos queda. Solo eso. El resto ya da igual.

EDU, *que durante su parlamento ha ido apilando libros en el centro, enciende una cerilla imaginaria, o no, y la tira a los libros.*

QUEMA DE LIBROS

CURA.
No será en vano esta vista,
don Alonso, falso hidalgo.
Recorreremos los salmos,
cada pasaje en la biblia
para perder en las llamas
de cada palmo herejía.

QUIJOTE. *(Como en una ensoñación).*
Recuerdo con estupor
como el cura y el doctor,
por llamarles de algún modo,
se aliaron codo con codo
en el trágico inventario
de mis libros, cual notarios.
El cura, cual Barrabás,
y el barbero, su testigo,
comenzaron sin prudencia,
sin pudor y sin clemencia,
la quemazón de mis libros.
(*Volviendo a la realidad*).
¡Pobres necios insolentes!
Entráis en mi casa a hurtadillas
Sin mediar palabra alguna.

Tachándola de herejía.
y como en Alejandría,
sin conciencia y sin reparo,
extinguís mil y una vidas.

DOCTOR.
¡Calla, maldito loco!
Ni lágrimas ni perdones
podrían darle sofoco.
Ya no hay quien lo demore.
Hasta aquí llegó tu estrella.
Hasta aquí tu juramento.
Ni el jumento ni la bella
Dulcinea del Toboso
podrán ya extinguir las llamas.
¡Quijano, tu luz se apaga!

QUIJOTE. *(En la ensoñación de nuevo)*.
¡Qué razón tenía el doctor!
Paradoja y pesadumbre,
mi biblioteca una lumbre
y mi destino negror.
(Casi llorando y estupefacto con cada libro que queman).
De Palmerín de la Oliva,
llegando a Amadís de Gaula,
pasando, con artificio,
hasta Tirante, aquel Blanco.
Decidís por cobardía
de cada libro, el destino,
sea en griego o en latino
paren por Dios la sangría...
(Siguen quemando libros).
¡Ese no! ¡Tente, borrico! *(Intentando quitarle un libro)*.
¡Qué ese es Don Lodovico!,

el Ariosto, aquel poeta
con título licencioso,
que hablara, quizás, de tetas,
o de cinturas torneadas
que se mostraban cual hadas...

CURA.
Semejante tropelía.
Sólo por eso merecen
con fuego y en la hoguera,
hervir hasta que perecen.

QUIJOTE.
Ardiendo se va mi vida.
Mis sueños y mi hidalguía.
Rojo intenso en las pupilas
De la curia, cual jauría.
(*Al cielo*).
Dulcinea, mis perdones
Por no enfrentar a la bestia.
Contra medicina e iglesia
Poco puede hacer un hombre.
(*Violentándose poco a poco*).
¿qué mal tiene mi aventura
hacia doctores y curas?
¿qué más, sino mí alegría,
estas historias harían?
Doctor, clérigo y barbero,
aquí mismo yo os sentencio.
No ganaréis mi silencio
¡palabra de un caballero!
(*Cada vez más cabreado*).
y a mi traidora sobrina,
que dejó libre la entrada,

os dejaré en la estacada
cuando a mi rocín consiga.
También a la sucia ama.
¡Y al panadero! ¡Y a todos!
¡Qué sabiendo de este lodo
quedasteis en no hacer nada!
¡Fuera de aquí, os condeno!

Poco a poco va dejando de ser QUIJOTE *para dar paso al* ACTOR. *Esto tiene que ser muy dramático.*

ACTOR QUIJOTE. Tú, si tú. ¡Fuera! ¡Largaos! Estoy harto de vuestras mentiras. Ahí parados, sin hacer nada, esperando el final para juzgarnos antes de salir por la puerta. Tratándonos como a un mono en su jaula. ¡¿os estás divirtiendo?! ¡Fuera he dicho!

STOP. Cambio de atmósfera.

FERNANDO *echa al público. No se sabe muy bien si es actor o personaje. Se va y empieza a dar vueltas por el círculo.*

SANCHO *disculpa la salida de tono de* QUIJOTE. EDU*, como actor, se va del círculo.*

ODIO

FERNANDO *se va del escenario y comienza a andar.* EDU *intenta arreglar el estropicio y se va detrás de* FERNANDO. *Le pone la mano en el hombro.*

EDU. ¡¿Qué coño haces?! ¡¿Estás loco?!
FERNANDO. ¡Ya no puedo más! ¡Déjame!
EDU. ¿Ves normal salir corriendo en mitad de una función?
FERNANDO. ¡Déjame! (*Se va*).
EDU. ¿Huyes otra vez?

FERNANDO. No, ¡no huyo!

EDU. ¡Es exactamente lo que estás haciendo! Es exactamente lo que hiciste hace diez años.

FERNANDO. ¡No tienes ni idea!

EDU. ¡Enfréntate a las cosas que te dan miedo! Lucha alguna vez por tus sueños.

FERNANDO. ¿Que luche por mis sueños?

EDU. No seas un cobarde.

FERNANDO. ¡No soy un cobarde! ¿Ser cobarde es aceptar que nada de esto sirve para nada?

EDU. ¿De qué hablas?

FERNANDO. ¿Ser cobarde es darse cuenta de que no vamos a cambiar el mundo con el teatro? ¿De que no vamos a cambiar nada? ¿No te das cuenta de que no le estamos haciendo ningún bien a nadie?

EDU. ¿Cómo puedes decir eso? ¡Hacemos teatro por y para la gente!

FERNANDO. ¿La gente? ¿Crees que la gente valora todo lo que hacemos? ¡No! Van al teatro a hacerse una foto y si de paso se ríen, lo ponen en la publicación cuando la suben. A la gente no le importamos una mierda.

Silencio.

EDU. ¿Cuándo pasó? ¿Cuándo desapareció mi amigo, aquel que solo quería subirse a un escenario a contar cosas sin importar nada, para convertirte en esto que tengo delante?

FERNANDO. Cuando choqué con la realidad. La realidad de tener que pagar cada vez más facturas. La realidad de que hoy en día la gente valora más un vídeo de un subnormal hablándole a una cámara que una obra de Calderón de la Barca. Esa realidad que tú pareces no ver.

EDU. ¡Claro que la veo! Y para eso está el teatro. Para dar una visión diferente de las cosas. El teatro, como todo, tiene que evolucionar. Siento decirte que el tiempo de Calderón quedó muy atrás. Pero eso no quiere decir nada, solo que tenemos que reinventarnos. Una y otra vez. Esa es la magia del teatro. Y por mucho que digas, lo que existe entre un espectador y un actor no puede equipararse a nada. No hay televisión ni móvil que pueda igualarlo. Y ahí estamos nosotros, sosteniendo la poca magia que va quedando en este mundo. Pero resistiremos.

Silencio.

FERNANDO. No has aprendido nada en estos años. Todo eso no es real. Sigues con la misma ingenuidad de cuando éramos niños.

EDU. ¡Prefiero ser un ingenuo a ser un cobarde amargado como tú!

FERNANDO. ¡Por eso me fui! No podía soportar a alguien como tú, viviendo esa mentira que nos contaron en la escuela. ¡Sal de la pompa en la que estás! ¡Afronta la realidad!

EDU. Por culpa de gente como tú este mundo es cada vez peor. ¿Quieres irte? ¡Pues vete! Deja de envenenar todo lo que te rodea.

FERNANDO *comienza a irse. Se para al escuchar a* EDU.

EDU. Espero que cuando nos volvamos a ver, dentro de diez años, hayas hecho desaparecer toda esa oscuridad que tienes dentro. Y si no, que tengas suerte en la vida.

FERNANDO *se va.*

TESTAMENTO DE UN (ACTOR QUIJOTE) YA VIEJO, A SU DISCÍPULO

Cuando arranqué mi última esperanza, de darle sentido a mi inconstancia, llegaste tú.

Y acaricié de nuevo esa puerta que cerrada estaba para siempre; eso yo creía. La soledad me ahogaba, y era tanta que podía nadar en sus orillas.

No te rías por hablarte de este modo, no hay tiempo ya para otra cosa. Es que, si no lo hago, explotaré de tristeza, como siempre, como otras veces, sumido en mis fracasos.

No, no quiero tu piedad. Tampoco tu vergüenza, por tenerme como amigo y compañero. Tú, sí, tú, con tu impericia... o qué sé yo, tal vez, con tu inocencia, estabas poniendo fin a mi cinismo, esa máscara maldita que nos cubre y disfraza la impotencia cuando todo, absolutamente todo, ya se ha muerto.

Y apareciste como un duende, como un resorte de repuesto para hacerme saltar hasta las nubes y entonces, sólo entonces, creí que era posible renacer una vez más a la quimera, a la iracundia del verbo y de las tablas, a renacer.

¿Comprendes? Me salvaste de la muerte más severa, no la de este cuerpo que ya estaba desahuciado, espantapájaros de ruinas ancestrales que venía de otras muertes, de esas otras que matan los poetas en el invierno de su suerte y de su espanto.

Lo pude comprender por una vez y en un instante, cuánto vale una sonrisa compañera, una mano que, en el borde inoportuno del abismo te invita a volver a las andadas.

Eso fuiste para mí y lo serás en la memoria, porque hoy, volviendo a casa derrotado, hoy, no sólo está muriendo el hombre sino sus alas, su tesoro, el único: condena y salvación desde el principio.

Y ahora, justamente hoy, yo te abandono y, ¿quién sabe? Te condeno, con mi herencia, a seguir penando tu destino. Mas no cabe otro camino, seguir al amparo de los sueños o morir por ellos sin consuelo.

RESPUESTA DEL DISCÍPULO (ACTOR SANCHO)

Escribir siempre es la mejor opción cuando uno no se atreve a mirar a los ojos.

No te preocupes por mí, tengo mucho que agradecerle a la vida. Siempre he sabido ver el lado bueno de las cosas. El lado bueno del mundo, incluso el tuyo. Eres tú el que no eres capaz de verlo. Tú solo te has colocado en el sitio que mereces.

Siempre has sido un cobarde. Y ahora vienes a darme lecciones. Unas lecciones que robaste de un guión que, como siempre, no es el tuyo. No, te lo has aprendido de memoria con esa falsa vanidad.

Y yo, estúpido de mí, te admiraba. Siempre te admiré, querido "compañero", con los ojos cerrados. Como un ciego sin bastón. Escuchando, incluso, el latir de tu corazón en los silencios, en esas pausas estudiadas, en esos giros de palabras remarcadas.

Tú, si, tú mismamente has sido el constructor y destructor de la aventura que se sostenía la poca magia que quedaba.

Y eso has sido y lo serás. Debo agradecerte, la humilde, quizás falsa, confesión de tu derrota. Pero espero que sepas que no va a repetirse el trágico final de nuestra novela.

Sabíamos que en ella se iban nuestras vidas. Confundiéndose hasta el final con los pobres desgraciados de Cervantes. Y aun así, hemos aceptado sus consecuencias. Todos, como él, tocan a muerto, lo estuvieron... o lo estarán. Es el trágico destino que nos marca, para siempre.

Pero esto, aún, no morirá contigo. A pesar de ti. A pesar de un nosotros que ya no es y que ni siquiera lo parece.

FINAL PERSONAJES

SANCHO.
¿Y...la isla Barataria,
y el gobierno que debía...
...tomar posesión en breve...por favor

QUIJOTE.
Sirvieron para el fervor
que necesita un hombre
para ponerle a sus sueños
un horizonte y un nombre.

SANCHO. *(Derrotado, casi).*
Ahora que había creído
lo que hubiese yo querido
y usted había prometido,
me deja cual bacalao
desnudo aquí y mal plantao.

QUIJOTE.
Discúlpame mi buen Sancho,
yo me devuelvo a mi tierra,
aquí te dejo los libros,
este escudo, la adarga
ya sabes cuánto es amarga
la aventura caballera,
cuando un alma verdadera
se coloca en el camino
haciendo que su destino,
de andanzas y mil hazañas
vayan tejiendo, cual araña
una red donde caer
para poder renacer.

SANCHO. *(Conclusión).*
Atienda, señor Quijote
que, en llegando este momento,
quiero prestar juramento,
cual si fuese un sacramento
por la Orden más preciada,
que nombrándola en conciencia
será siempre de la Inocencia.
Y para cerrar todo trato
recuerdo que en el contrato
se hablaba de una cuestión,
y aquí llega la ocasión
del cambio que le propongo,
apropiado ya, supongo,
entre mi burro y su rocín
para darle a este fin,
una cierta dignidad,
a mi figura y bondad.
Bendiga usted, este momento

del cambio por el jumento
para la triste figura
de este pobre caballero
y que no se note el cambio,
entre segundo y primero.

QUIJOTE.
Acepto.

SANCHO.
Escuche señor Quijote
Estas últimas palabras.
Yo retomo mi camino,
Aunque sea el de las cabras,
En busca de mi destino.

QUIJOTE.
¿Y si el destino lo es todo,
ese todo es apariencia?
Reflejo de la realidad,
que recorre, con qué ciencia y modo,
esa absurda línea que separa
la nada del lodo.
    (Se va).

SANCHO.
Que Dios se apiade de usted
y que ampare mi destino
para encontrar el camino
que en una vuelta perdió.
¡Amén!

FIN

GUANTANAMOUR

Guantanamour es una obra dramática para los tiempos que corren en este siglo XXI especialmente pensada para los jóvenes amigos, enemigos presentes y futuros,escrita por Jorge Cuadrelli para un nuevo grupo nacido en la escuela Viento Sur Teatro de Sevilla Sevilla, 28 de febrero de 2012 a los actores de "Guantanamour: Eduardo Bulnes, Fernando Moreno y Nahuel Cuadrelli

PERSONAJES

ROBERT SWAN/R.B
WHILLY WHITE/W.W
ADHEL EL SIWI/A.S

Escena I

Esta es una historia triste
Tres figuras impávidas miran la nada.
Son soldados de cualquier lugar.
Pasa el tiempo, eterno e igual en cada instante.
Finalmente, uno rompe el silencio.

ROBERT SWAN. Pero... *(Los otros dos lo miran, él calla).* Es igual... Joder, ¿cuánto tiempo llevamos en este agujero?

WILLY WHITE. Tres semanas y...

ADHEL EL SIWI. Nada, ¿cuánto has dicho?

W.W. Tres semanas.

A.S. Cien años.

R.S. Un instante, es lo mismo, nos olvidamos de quienes somos y...

W.W. *(Presentándose).* Soldado, Willy White, segundo batallón, tercer regimiento, caballería aerotransportada, Servicio en Guantánamo dos años, identificación: 1.778.348 *(Queda firme y de pie).*

A.S. Soldado, Adhel el Siwi, destacamento 374 Contrainformación, cuerpo de Marines. Servicio en Guantánamo, dos años. Identificación: 1.778.347

R.S. Cabo Primero, Robert Swan, Cuerpo de ingenieros y guerra psicológica, tres años en Guantánamo. Identificación: 1.704.008, y ahora a cargo de esta misión.

W.W. Esperamos una llamada para...

R.S. Actuar, es nuestro trabajo.

A.S. No sabemos quién ni dónde.

W.W. Pero nos preparamos.

R.S. El enemigo puede estar en cualquier lugar.

A.S. No se sabe nunca.

W.W. Pero se intuye.

R.S. Se huele, un sexto sentido comienza a trabajar.

A.S. Pequeñas señales.

W.W. Una duda, un tono de voz fuera de lugar.

R.S. *(Con voz grave)*. O sea...

A.S. *(Riendo)*. Eso es falso, por ejemplo.

W.W. ¿Por qué ese tono jocoso?

A.S. ¿El mío?

R.S. ¿Ves? Es fácil crear una pequeña grieta hasta en los más preparados.

W.W. Como la gota de agua en la roca...

A.S. Los chinos dicen eso.

W.W. Y nosotros aprendemos.

R.S. Siempre hay que aprender.

W.W. De todo.

A.S. Ahora son ellos los que...

R.S. y **W.W.** ¿Qué?

A.S. Aprenden, y vaya si aprenden y...

R.S. *(Apartándose del grupo avanza y cuenta)*. Es una historia triste, yo fui el único superviviente de aquel pequeño pelotón. No sé cuánto tiempo estuvimos en ese agujero. Matábamos el tiempo de cualquier manera, nos hacíamos preguntas, consumíamos de todo y pensábamos que eso era lo más chungo. Fue así como Adel inventó su propia historia; de los chinos se fue a los japoneses y de ahí a Hiroshima...

A.S. *Hiroshima mon amour* era el título de una peli de hace tiempo donde el amor y la guerra se mezclan; pero en Guantánamo era diferente. Gracias al moralismo yanqui, allí hubo de todo menos amor.

W.W. Qué lejos de todo eso debía estar Dios, el de los unos y el de los otros. El de los unos por desaparecer, y el de los otros por mirar hacia otra parte...

R.S. *(Interrumpiendo)*. Ya está bien, estamos aquí para una misión, así que refresquemos las enseñanzas. Hoy el candidato vas a ser tú. *(Señalando a W.W)*.

Se desarrolla la sección de tortura y las reflexiones posteriores.

W.W. Ahora entran dos tipos malos, vestidos de negro y... *(No da tiempo a reaccionar, lo cogen por los hombros, toman impulso hacia atrás y lo empujan con violencia adelante. Se le echa encima uno, el otro vigila si hay alguien alrededor y comienza la tortura con música incluida).*

R.S. ¿Qué pasa pedazo de monigote, orangután del desierto? ¡Se acabó el recreo, ahora te vas a enterar¡ ¡Habla! No entiendes, ¿eh?! *(Lo golpea fuerte en un costado)*. Esto sí que lo entiendes, ¿verdad?

A.S. ¿Que no basta? Un poquito más, ¿sí?

W.W. *(Reacciona con un grito contenido)*. ¡Ah!

R.S. Ha hablado, nuestro analfabeto ha hablado. *(A A.S.)*. ¿Te das cuenta lo qué ha dicho? No entiendo, quieres repetir, ¿no? Una ayudita, ¿dónde era? Ah, ahora recuerdo, ¡así! *(Repitiendo el golpe)*.

A.S. Sin marcas, por favor.

 R.S. Verdad, sin marcas. Pero si no lo va a ver nadie cuando salga de aquí. O quizás no, cree que lo estará esperando su mamacita o su mujercita.

A.S. Sin marcas.

R.S. Dame esa toalla mojada y sujétalo.

Lo sientan en una silla; con la camisa le sujetan los brazos a la silla y los pies juntos con cinta negra adhesiva.

R.S. Comienza la función. Señoras y señores: el espectáculo va a comenzar. (Le descarga la primera tunda de golpes con la toalla mojada).

A.S. *(Transmitiendo como en la radio)*. Como pueden ustedes ver, esta técnica, desarrollada por los marines y aplicada con éxito en Vietnam y Sudamérica con los monos rojos y con los indios guerrilleros permite no dejar rastro en caso que hubiese algún tipo de investigación y se encontraran cuerpos con marcas de, digamos, violencia innecesaria. Con los años hemos recurrido a expertos en deportes como el tenis o el baloncesto para agilizar el golpe de muñeca que hace tan efectivo el trabajo para estos casos. Cambio y corto.

R.S. Gracias por esta información. Como hemos podido ver, el sujeto no ha reaccionado para confesar la información que buscamos. Y, para acercar un poco más al público y demostrar los diferentes niveles de la tarea que se nos ha encomendado, pasaremos a una técnica más tradicional pero posiblemente más efectiva. Rogamos un poco de silencio para concentrarnos en las tres etapas de este nuevo capítulo ya que hemos agotado la fase que llamaremos de ablande.

A.S. La nueva fase consiste en desnudar el cuerpo del sujeto, primero la camisa o camiseta; y una vez que se encuentra apoyado sobre la mesa, ¿qué se hará con el cuerpo de uno de los *chicos*? Apoyado a cuatro patas, se procederá a bajar los pantalones y tirar fuertemente de los genitales con las dos manos en un movimiento combinado aprieta y tira hacia abajo, esta acción se repite hasta tres veces provocando la confesión o el desmayo del sujeto.

R.S. Algunos lloraban y otros gritaban, rezaban, imploraban, se arrastraban pidiendo quizás morir, habían perdido toda capacidad de reaccionar lógicamente y usaban las cadenas como rosarios macabros para concentrarse en la oración mientras nosotros reíamos y bromeábamos, más para no escuchar que para otra cosa, los cigarrillos los acabábamos apagando en sus cabezas rapadas que seguían acumulando cicatrices, y la única pregunta que habían aprendido de las torturas nos la devolvían en todos los tonos y formas.

W.W. ¿Por qué?

A.S. Esa pregunta se transformó en una obsesión que taladraba mi cabeza. Intenté no oírla, distraerme con la droga. No era difícil conseguir marihuana en la base. Creo que de algún modo se facilitaba su uso para desdramatizar el trabajo. Vaya palabra, desdramatizar el trabajo. También la usaban en Argentina para tirar a la gente desde los aviones, pero allí se drogaban todos, víctimas y verdugos en aquel festival del horror. Los cuerpos parecían caer en cámara lenta, me contaron, imaginé la película con música de Wagner como en Apocalypse now, ¿quién sabe si se enteraban los pobrecitos, quién sabe?

W.W. *(Recuperándose).* Como el sol cuando parece explotar en el atardecer, despacio, lento y de pronto, ¡zas! Desaparece y te queda esa especie de vacío por un momento largo. Largo es como un péndulo, eso, el péndulo del mundo o al menos de la tierra, marcando otro tiempo, no el del reloj suizo sino otro, como el que uno siente en el estómago cuando encuentra a alguien que le gusta. Nadie lo escucha, ¡pom, pom!, pero tú sí, y se te nota en los ojos y hasta te pones colorado y...

Escena II

Colombia

A.S. Basta, ¿no os dais cuenta?

W.W. ¿De qué?

R.S. Es verdad, esto es un coñazo.

W.W. Divertido fue lo de Colombia *(a* A.S). ¿Se lo contamos?

R.S. Y yo me lo perdí.

A.S. Por gilipollas.

R.S. No. *(Grave).* ¡En cumplimiento del deber!

W.W. Qué va, tú no sabes bailar y allí se hubiesen reído de ti, y si te ofendes...

A.S. Ahí tienen el gatillo fácil.

W.W. La cerveza es buena y...

A.S. Abundante, y cuando menos te lo esperas...

W.W. *(Imitando a un colombiano).* Que esa mujer es mía y no se toca.

A.S. Qué culpa tengo yo si me miraba la vela.

W.W. Y se armó la balacera.

A.S. Pero antes ¡Ay!

W.W. *(Gritando).* ¡Ay, las colombianas!

A.S. Mamacita.

R.S. Cuenten hijos de puta, cuenten...

W.W. Acabamos bailando en toda la calle.

A.S. Todos amigos.

R.S. ¿Amigos?

Suena la música de baile. Vallenato por ejemplo.

W.W. La música y la cerveza hacen amigos a todos.

W.W y A.S *bailan con piruetas hasta que una metralla interrumpe todo, nos encontramos en el fuego cruzado imaginario.*

R.S. *(Confundido).* ¡¿Qué pasa?!

W.W. ¡Cuidado!

A.S. *(Se dirige a R.S).* ¡A tierra, tú también!

R.S. ¿Yo, por qué?

W.W. Por solidaridad.

R.S. Vete a la mierda.

A.S. Cuidado, ahí. *(Señalando hacia el público un enemigo imaginario).*

W.W. Ahí, ¿dónde? *(Le dan).* ¡Joder, me han dado, ag!

R.S. ¡Muévete!

A.S. Sal de ahí.

W.W. *(Fingiéndose herido).* ¡Nooo pueedo, ay!

A.S. *(A R.S).* ¡Y tú ayúdalo, rápido, venga!

R.S. Pero, ¿yo...?

A.S. ¡Si, tú, joder! ¿No ves que lo necesita?

R.S. *(Dudando un poco).* Voy. *(Tiende una mano a W.W en el suelo y lo arrastra con dificultad,* A.S *le indica dónde y cuándo llegan a destino).*

W.W. Gracias, amigo…

A.S. Eso sí que es un amigo.

W.W. *(Incorporándose)*. Más o menos así pudieron ir las cosas, a-mi-go.

R.S. ¿Amigo?

A.S y W.W *juegan con la palabra amigo en varios tonos e intenciones hasta que* R.S. *los interrumpe.*

R.S. Ya está bien, la próxima te…

W.W. *(Desafiante y violento)*. ¿Qué?

R.S. *(Respondiendo con la misma energía)*. Te crucifico y…

A.S. *(Se interpone)*. Nada de violencia, *amigo.*

R.S. ¿Violencia?

A.S. Física, quiero decir. *(Ríen).*

Escena III

El encargo que no pudo ser

R.S *sale de un lado y* 2 *del otro,* 3 *se ha quedado con sus patatas.*

R.S. Llegó la hora, chicos. Ya ha durado demasiado el recreo.

W.W. No lo llames así, me trae recuerdos… de otro tiempo. *(Se pone triste)*. ¡Sí, joder! Lo admito, me pone triste, me hace sentir viejo, me coge un pellizco en el estómago, qué sé yo…

A.S. Pero qué le pasa a este tío.

W.W. Dejadme, ya se me pasará.

A.S. Pero…, ¿justo ahora?

R.S. Déjalo, no me di cuenta.

A.S. ¿De qué?

R.S. De la palabra… ya sabes.

A.S. Pero… ¿qué palabra?

R.S. No me hagas repetirla que se pone peor, ya se le pasará.

A.S. ¿Pero qué clase de asesino es este mierda?

W.W. ¿Te quieres callar? Hijo de puta, mal parido, si sigues con las preguntitas te voy a llenar la boca de plomo, ¿me entiendes? (*Cogiéndolo por el cuello con violencia*). Maldito gilipollas...

R.S. Insensible, es simplemente un insensible, un analfabeto. (*Con calma contenida*). Un...digamos... animal, ¿verdad? El mundo está lleno de esta gente, así que basta, al menos por ahora, a prepararse (*W.W y A.S ponen cara de niños enfadados*). Venga, vamos. (*Ríen todos juntos, hasta que el sonido de un teléfono los deja patitiesos, no atinan a responder, se miran. Silencio, el sonido continúa*).

W.W. (*Se dirige a* R.S). Atiende, ¿no?

R.S. (*Silencio*). ¿Yo?

A.S. ¿Y quién si no?

R.S. ¿Por qué?

W.W. Porque eres el contacto, ¿o no?

R.S. Sí, pero...

A.S. Pero qué...

R.S. Es que...

W.W. Estaba todo bien, ¿no?

R.S. Sí

A.S. ¿Sí, qué?

R.S. Es que...

W.W. y **A.S.** ¿Qué?

R.S. Eso...

W.W. ¿Eso?

A.S. ¿Eso, qué?

Siguen las llamadas que se interrumpen y vuelven, todos están cada vez más nerviosos.

W.W. Habla, explícate.

A.S. Piensas que este tío...

R.S. No.

W.W. No, ¿qué?

A.S. Eso, ¿qué?

R.S. Que no me dejáis pensar. *(Gritando)*. ¡Joder!

W.W. ¿Nosotros?

A.S. Sí, ¡nosotros!

R.S. Quiero decir...

W.W. ¿Qué?

A.S. Eso, ¿qué?

R.S. No lo sé, lo presentía, pero...

W.W. No lo dijiste...

R.S. No me parecía...

A.S. Que no te parecía...

R.S. No. *(Toma el teléfono, escucha, recibe una extraña noticia)*. Co-comprendido. *(Mira a sus compañeros y ahora se transforma en narrador)*. Está bien, estaremos pendientes...¡Vale!

W.W. Vale... pendientes...¿Qué está pasando?¡Joder!

R.S. Qué no está pasando, querrás decir, ¿no?

A.S. Joder yo qué sé, ¿qué te dicen?

R.S. Nada, que esperemos.

W.W. Que esperemos, ¿qué?

R.S. Otra llamada...

A.S. Yo no aguanto más, me voy.

R.S. Ah, no, querido, un acuerdo es un acuerdo, ¿o qué crees, que yo no tengo ganas como tú? W.W. Y yo.

A.S. ¡Tú te callas!

R.S. Vale. No discutamos, juntos nos metimos en esto y juntos saldremos.

W.W. Si podemos...

R.S. ¡Calla! ¡Bicho!

A.S. Pájaro.

W.W. *(Haciendo una mueca)*. Pajarraco me gusta más.

R.S. No te jode, cabrón... *(Una palmada en la espalda y ríen juntos)*.

A.S. Y ahora, ¿qué?

R.S. No empecemos.

W.W. Entonces, ¿esperamos?

A.S. ¿Y mientras esperamos? (Arranca una música con ritmo de cine mudo, preparando los cubos para sentarse).

W.W. Matamos...

A.S. *(Asustado).* ¿A quién?

R.S. El tiempo...

W.W. Por ejemplo ahora...Son las 5 ...

R.S. ¿Hora del...?

A.S. Té

R.S. Exacto, yo tenía una tía irlandesa. *(Sale a por los objetos para la siguiente escena).*

W.W. Yo una Galesa

A.S. Y yo... una inglesa

W.W. ¿Tú?

A.S. Si, yo. ¿Qué pasa? ¿No puedo?

W.W. Raro, ¿no?

Entra R.S y reparte los objetos. Música, arranca la música de cine mudo y cada uno coge un elemento para caracterizar a una de esas señoras del té a las 5.

Escena IV

Té a las 5

Tres señoras posiblemente inglesas disfrutan del té de las 5 en punto. Parlotean como gallinas, ríen, discuten, parece que comunican, pero en realidad compiten por quién habla más alto o dice las ocurrencias más llamativas. Todo con un lenguaje inventado que más bien parece de gallinas cluecas o de cacatúas que graznan ininterrumpidamente. Cada actor debe preparar su partitura literal y de acciones físicas que van creciendo hasta el delirio, sumando y sobreponiéndose a cada una, clown grotesco.

W.W. Hay que ver... Marujita intentó engañar a su marido con el lechero, pero la sorprendieron dentro del armario porque no podía salir de lo gorda que estaba.

R.S Yo en cambio hago dieta medieval, como patatas a la mañana y cebolla por la tarde, me doy asco a mí misma del olor y no me soporto.

A.S. Lo bueno de los desfiles de moda es que puedes ver cuán estúpidas son las famosas.

W.W. Y no hablemos de las vecinas que miran la televisión creyéndose glamurosas.

R.S. No hay peor suerte que la del perro pequinés, lo están tocando todo el día pero nunca le dan un gusto.

A.S. A mí me gusta tocar a mi perro, pero me excita tanto que no me puedo aguantar y cuando viene mi marido de trabajar ya no tengo ni ganas.

W.W. ¿Dónde te compraste esa rebeca de tan mal gusto?

R.S. Para mal gusto el tuyo, que sólo hay que ver tus zapatos: horribles.

A.S. Horribilísimos.

W.W. Todo esto es fantástico, finalmente verdades y no todos esos comentarios propios de las señoras burguesas.

R.S. Pobre diabla, ¿eso te consuela? Tú sí que eres una desgraciada y maleducada.

A.S. ¿Maleducada , yo?

W.W. Sí, querida. Estoy hablando contigo y con esta degenerada que me llama de madrugada para hacerme escuchar cómo se la chupa a su marido.

R.S. ¿Envidiosa? Tú si que eres envidiosa y frígida que no te comes una rosca hace años porque nadie te soporta.

A.S. Estos dulces si que están buenos.

W.W. Para bueno el portero, que no hay tía en el edificio que no se lo haya tirado. Dicen que da turnos y todo por las mañanas.

R.S. Mientras el gato no está, los ratones bailan.

A.S. Pásame el licor para olvidar mis penas.

W.W.Ya está la borracha.

R.S. So guarra, quítate del medio que no haces más que engullir todo lo que encuentras a mano sin preguntar de quién o cómo.

A.S. Mírala, la señora Catalina que tiene la chocha fina.

W.W. A mí no me vas a decir lo que tengo que hacer maldita fregona.

R.S. *(Para sí)*. ¡Esto se pone fatal! Uy, me olvidé la comida en el fuego, me voy.

A.S. *(Tirándola con violencia)*. Tú no vas a ninguna parte. Antes paga lo que debes, siempre la misma historia.

R.S. ¿Ladrona a mí? Maldita puta desgraciada.

A.S. Y tú, cornuda alegre, ¡que ya sabes con quien se da los revolcones tu marido, ja, ja!

W.W. Conmigo y bien contento que lo tengo.

R.S. Oh por Dios, que me viene el ataque.

W.W. Muere, zarrapastrosa. *(Echándose encima para estrangularla, la otra se suma al ataque. Suena el teléfono. Oscuro)*.

Escena V

Maleficio de la poesía

R.S *y* A.S *están jugando al ajedrez,* W.W *está sentado en el suelo, pensando.*

W.W. Yo pensé, en un tiempo, enamorarme.

R.S. *(Como Narrador, pensando en voz alta)*. ¿Por qué habla así, estaba fumado? ¿Un momento de debilidad? No estaba claro, estaría más atento. *(Vuelve a la realidad)*. Enamorarse... Pe-pero eso es muy difícil, mejor no, mejor quedarse fuera.

A.S. ¿Fuera? Dentro, querrás decir. Los amores mejores son los que no pudieron ser.

W.W. Y si pudieron ser, al tiempo fracasaron.

R.S. ¿Por qué?

A.S. ¿Tiene alguien la respuesta?

W.W. Preguntas y más preguntas, salimos de una y caemos en otra.

R.S. De la olla a la sartén, dicen los italianos.

W.W. O sea...

R.S. Della pentola alla padella.

A.S. Ya estás con la cocina.

R.S. Sin la cocina, amigo, no se puede entender la vida, el...

W.W. ...el amor, la muerte, ¿qué más hay que entender?

A.S. Se acabaron los temas y nosotros...

R.S. Y nosotros sin enterarnos. Por qué no volver a empezar, ¿eh?

W.W. ¡Imposible!

R.S. Falso...

W.W. ¿Yo?

R.S. Tú, yo, cualquiera, falso, repito: ¡Falso!, es solo cobardía.

A.S. Pero a mí, no me gusta el dolor.

R.S. Ni a mí, ni a nadie, pero, ¿por qué tanto miedo? Sin dolor no hay comprensión, conciencia, límite, amor... ¿Qué os creéis?

W.W. Creía.

R.S. ¿Y ahora qué? ¿Estás muerto?

W.W. No, creo...

R.S. Pues lo pareces.

W.W. ¿Y tú?

R.S. Yo también, idiota, ¿qué crees? ¿Que no tengo miedo? Si no, ¿por qué no salimos ahí fuera, eh?

A.S. Ya estamos con la filosofía.

W.W. ¿Hay algo mejor? Al menos es un consuelo, ¿no?

A.S. Pues, ¡No!... Dormir...

R.S. *(Silencio y se miran, vuelve la mirada hacia delante).* ...Dormir... soñar...morir...Shakespeare...ser o no...ser...

W.W. Ni siquiera él...

R.S. ¿Por qué?

A.S. Porque él no era él

R.S. Entonces, ¿quién?

W.W. Un seudónimo que escondía a otro poderoso, de alcurnia, de palabra y de dinero y... *(Como conclusión)*. Posiblemente amante del tal quién.

R.S. Pudiera ser...

A.S. Interesante... pero...

W.W. El secreto está en los sonetos,

...Ese amor que se bifurca en dos senderos
potente amor prohibido y por eso sublimado,
ansiado amor deseado, temido, desgarrado amor, el esperado.
Ese amor que se somete a leyes misteriosas
mientras caen las huestes del temor
y sigilosas las almas enmudecen
asombradas, quizás, por la ventura
de esos dos o de esos tres que se prodigan en caricias,
detrás de los barrotes puritanos.
Al cobijo de las sombras de una iglesia
escribe, el bardo, sus versos más alteros
amparado por la luz mortecina de un candil
creando así el ambiente más etéreo
donde fundó su teatro aquel canalla.

R.S. ¿Por qué habla de ese modo?

A.S. Parece poseído...

R.S. Si yo supiera los secretos de aquel hombre
que nos hizo soñar con mil historias.
¿Quién escapa a los trémulos labios de Julieta?
¿Y quién a las caricias de su amado adolescente?

Pequeño silencio.

A.S. *(Enfurecido)*.
Estafador, maldito estafador, es el poeta

que arrebata nuestros sueños y los vuelve realidad
¿No merece el castigo de los dioses, el perverso? (*Jurando*).
No señores, los hombres y mujeres lo festejan.
Ya le aplauden sus giros de lenguaje,
maldito embaucador, que nos traiciona
llevándonos inermes a las puertas de los cielos
para hacernos descubrir que más allá será el infierno.
    R.S. No quiero, en la disputa, intervenir, señores
pero me atraen las palabras y ya no puedo
quitarme de encima el maleficio de sus formas y sonidos.
(*Reflexionando*). Qué extraños sentimientos se combinan con sus
ecos, qué nuevos caminos declinan los principios razonables.
Este lance que atrapa todo el cuerpo mío, ya me empuja
y aunque sea la nada mi destino, yo me entrego,
porque creo que al hacerlo, descubro la mirada que perdí,
esa que en su azar dibujaba los contornos de las nubes,
bautizaba flores haciéndolas nacer y deshojar.
Momento por momento, me decía en el oído alguna musa,
momento por momento he de vivir
para morir sin ansias y sin miedo.

    Aplausos.

    R.S. Qué efímera es la dicha,
cuán breve es el embrujo de un aplauso
¿habéis oído, o yo me lo imagino?
En el silencio misterioso de la noche
se escuchan las notas agoreras
de una historia que duró un instante, su quimera.
    W.W. ¿No esperarás el aplauso tú también?

    Suena el teléfono y R.S *manda* A.S *y* W.W *fuera.*

    R.S. *(Descuelga el teléfono).*¿Un traidor? ¿Quién? *(Entra* W.W).

Estaré pendiente.
W.W. ¿Qué pasa?
R.S. No sé, dímelo tú.
W.W. ¿Yo? ¿Qué está pasando?
R.S. ¿Y Adel, qué hace?
W.W. En su cuarto, otra vez.
Silencio.
R.S. Tenemos un problema.
W.W. Estamos solos...

Escena VI

¿Dónde? Ese lugar

A.S. ¿Solos dónde?
R.S. Ese lugar.
W.W. ¿Dónde está?
A.S. Mientras estábamos allí, en esa isla despiadada del Caribe...
R.S. ¿Qué?
W.W. Imaginamos ciudades invisibles.
A.S. Guantánamo es París.
R.S. París es Buenos Aires.
W.W. Y Sidney San Francisco.
A.S. Santiago, Puerto Rico.
R.S. Namur, Never, Nairobi.
A.S. y **W.W.** ¿Nairobi?
R.S. Por ejemplo, digo.

Silencio.

W.W. Siempre habitamos lugares que no están
que ya fueron o que nunca lo serán.
A.S. Nosotros, pero ellos...

R.S. Querían simplemente regresar
a sus casas, a su hogar
soñaban hijos que corrían a su encuentro
que habían enfermado por su ausencia
y que ahora, en ese sueño
se curaban sin dudar

W.W. Y nosotros al revés
éramos hijos que volvían
y se hallaban sin lugar
porque la guerra, puta guerra
nos había marcado para siempre
secuestrado nuestra vidas sin permiso...

A.S. Yo había tenido aquella novia
que escribía y escribía sin cesar
cuando la fueron a buscar
las paredes llenas de palabras se encontraron
y ella muerta, sentada en la ventana, me esperó

R.S. Yo recuerdo la mirada de mi madre al despedirse
¡No te olvides de nosotros!, me gritó
y yo pensé, sin contestarle
si me acuerdo de vosotros, moriré
si en cambio, los borro de mi mente, mataré

W.W. Qué extraño suena todo en el silencio
ahora, todo resulta transparente, pero entonces...
entonces no había dudas, ni porqués
y si los hubo, los callamos, qué cobardes
en nombre de la patria, del valor y ... de una mierda
¡¡Qué hacemos esperando!? ... no lo sé.

A.S. Y quién lo sabe... Soldaditos de plomo, eso somos

R.S. Como de un cuento y en fila *(Se colocan en posición e imitan un batallón)*.

W.W. De frente, ¡marchen!

TODOS. *(Cantan)*.
Uno y uno hacen dos / si me sumo ya son tres

si hace frío tengo tos / si me cago no lo ves
esta historia ya pasó/ y la vida nos jodió
venga y pruebe ya verá / uno nuestro ya será
soldaditos de cartón / que con fuego hacen ¡póm!

Se detienen de golpe, caen muertos uno a uno. Silencio, de repente, se corta la luz...

Escena VII

En la oscuridad, miedos

A.S está orando hacia la Meca, es claramente musulmán y practicante. R.S entra y lo sorprende pero no lo molesta, queda mirando, entra W.W.

R.S. (*Como Narrador*). Ahora todo estaba claro, no había más que esperar la última llamada para ejecutar la orden (*Le hace señal de cortar la luz a* W.W).
W.W Corta la luz y en la más completa oscuridad.
R.S. ¡Calla! (*Silencio*). ¿Habéis escuchado?
W.W. Qué...
R.S. ¡Shhhh!
A.S. ¡Mierda!
W.W. ¿Estás ahí?
R.S. (*Susurrando*). Callen, joder. (*Silencio, cae algo y todos giran hacia otro lugar, penumbra*).
W.W. Nos han cortado la luz...
R.S. ¡Cuidado!
W.W. ¿Con qué?
A.S. Y yo que sé (*En penumbra los cuerpos se mueven atrás, se multiplican*).
R.S. Cuidado.

W.W. Aquí no hay nadie, ¿y allí?

A.S. ¿Dónde?

W.W. Allí, donde estás tú.

A.S. ¿Yo? *(Alguien le salta encima y huye)*. ¿Quién va? *(Silencio)*. ¿Sois vosotros?

Silencio.

Serie de ruidos pequeños.

W.W. Ratas... hijas de puta.

R.S. También aquí.

A.S. ¿Dónde están?

W.W. ¿Quién, las ratas?

A.S. *(Comienza a desesperar)*. No, ustedes.

R.S. *(Fantasma)*. En el más allá.

W.W. *(Exagerando)*. Ven, pequeño.

A.S. Dejad las bromas.

R.S. Es un corte normal.

W.W. Aquí no hay nada normal, ¿verdad?

A.S. La linternas, joder, ¿dónde están?

R.S. Se han ido.

W.W. *(Cantando)*. Se han ido, se han ido. Y ya no volverán.

R.S. *(Más enérgico)*. Basta. *(Silencio prolongado hasta que se escucha a* A.S *llorar)*.

W.W. Qué bajona, tío...

A.S. Es que...

R.S. Y ahora, ¿qué?

A.S. *(Sollozando apenas)*...Tengo miedo.

W.W. ¿Ahora?

R.S. ¿Justo ahora?

A.S. ...Sino, ¿cuándo?

W.W. Mañana, dentro de un siglo, qué sé yo, pero... ¿ahora?

A.S. Seguid hablando.

R.S. y **W.W.** ¿Qué?

A.S. No aguanto el silencio...

W.W. Maricona.

R.S. ¡Calla!

A.S. *(Casi cortándolo). ¡*No!

R.S. y **W.W.** *(Lo atan por las manos y le vendan los ojos).*

A.S. *(Repite).* No, ¿qué hacéis?

R.S. No, ¿qué?

A.S. Silencio y oscuridad, no, no lo soporto. *(Largo silencio).* ¡Hey! Cualquier cosa menos eso. En una maniobra me dejaron en el medio de la carretera, casi desnudo, hacía frío, sin agua, sin comida, sin brújula, era de noche... ni mechero... ni cigarros, nada.

No sabía dónde estaba...*(Silencio breve).* Una broma, ¿no? Cabrones, una broma... bonita. No se oye nada... *(Se acerca al borde, recula del miedo, sensación de caerse).* No, nada... *(Media penumbra).* ¡Os vais a enterar! Hijos de puta... *(Silencio).* Ninguna respuesta, yo gritaba: ¡Salid, malditos! Nada, ni siquiera el eco... *(De repente, una orden imaginaria).* Sí, señor, todo se mezcla, no, no quiero ir joder... cuidado, ¿qué hago? Asustado por mi sombra, No... son ellos, sé que estáis ahí... escondidos... ríen... son ellos... ¿o no?. Cobardes que os cagáis encima apenas veis a un francotirador... Valientes... sí, valentísimos cuando estáis todos juntos o escondidos, comadrejas... que sois unas comadrejas... ¿Ese es vuestro valor? Y el mío, ¿dónde está? A la mier... No, esto ya me pasó... *(Solloza).* Era niño, nadie en casa, sin luz, como ahora, no volveré nunca más a este maldito agujero. Pero si me tenía que haber ido apenas llegué... y vosotros, os podéis morir ensartados uno por uno en las bayonetas de vuestros capitanes y sargentos, yo soy un soldado de infantería de marina, con dos huevos, para que lo sepáis, de infantería... *(Se oye un disparo).* Contestad hijos de puta, maricones, vuestra madres sean malditas... *(Silencio).* Pero... ¡No, señor! *(Respondiendo a una orden inexistente).* Sí, señor, yo juré servir a la patria pero ahora, pe-pe-pe-pe pero ahora, sabe qué, que se meta en el culo su patria! Dios mío, ¿qué he dicho? ¡No, el silencio no, no más! ¡por favor! ¡Por Alá!

R.S. y **W.W.** ¡¿Por quién?!

R.S. ¿Has dicho por Alá?

A.S. Sí, ¡¿qué pasa?! Pero también él me ha abandonado. Ahora está de vuestra parte, pero yo sé que es una prueba, no me rebajaré a la tentación del diablo, tengo que ser fuerte, muy fuerte...

Llora desconsolado en el suelo, R.S *y* W.W *están junto a él de pie, le quitan las vendas.*

R.S. Parece que funciona.

W.W. Sí, y bastante bien.

A.S. *(Lentamente se ve mejor).* Que funciona ¿qué?

W.W. La prueba.

A.S. ¿La prueba?

R.S. De aguante, amigo.

A.S. ¿Amigo? Cabrones de...

W.W. Es mejor que no te explayes.

R.S. Sí, es mejor.

A.S. ¿Y ahora qué?

R.S. La última llamada y...

A.S. ¿Y?

W.W. Listo, la última.

R.S. Como la última cena.

W.W. ¿Por qué no?

R.S. Era una idea.

W.W. No está mal.

R.S. Verdad es.

A.S ... Idea, cena, no está mal, ¿qué? El único que está mal aquí, soy yo.

W.W. Por poco.

A.S. ¿Por... poco?

W.W. Sí, pero tranquilo, siempre puede haber un...

W.W. y **R.S.** *(Al unísono)*.¡Milagro!

R.S. *(Narrador)*. En ese momento estuve seguro que él era el traidor pero...también era nuestro amigo, un hermano ¡Joder!

W.W. ¿Te has cagado, no?

R.S. ¡Un momento! No me quiero equivocar pero... ¿De dónde vienes tú?

A.S. ¿Cómo que de dónde?

W.W. *(Compinchado con* R.S*)*. Sí, ¿de dónde?

A.S. ¿Yo?

R.S. Tu familia, tu gente.

A.S. ¿Qué tiene que ver mi...?

R.S. Siempre tiene que ver.

W.W. *(Como un loro)*. Siempre tiene que ver

R.S. *(A* W.W*)*. ¡Tú calla! *(A* A.S*)*. Venga, ¿de dónde?

A.S. De Egipto...

R.S. ¿Árabe?

A.S. Sí... si... mi nombre...

W.W. ¿Musulmán?

A.S. Ellos, de tradición.

W.W. Ellos, la...

R.S. Y van y aterrizan en nuestro barrio.

W.W. Y todo se olvidó, las pirámides.

R.S. Calla gilipollas, ¿qué pasó con la tradición?

W.W. Se quedó en Egipto.

R.S. ¿Se olvidó?

A.S. ¡Bueno... sí!

W.W. Imposible

R.S. Y ahora con la guerra.

W.W. ¿Qué pensaba tu familia?

A.S. ¿Ellos? Nada.

R.S. ¿Nada?

W.W. Nada, dice.

R.S. Demasiado simple

W.W. Demasiado simple.

A.S. Pero yo... *(Sintiéndose acorralado).*

Entre R.S *y* W.W *lo cogen como en la tortura del principio, lo levantan y le quitan la camiseta.*

R.S. Tú eres un buen muchacho.

W.W. Soldado impecable.

R.S. Un tío de allí, llama a tu padre.

W.W. Le pide un favor.

R.S. ¡Por la familia! Se sabe.

W.W. Cómo negarse, la sangre es la sangre.

R.S. Por Alá.

W.W. Hay que sacrificarse.

R.S. *(Dándole un golpe con la propia camiseta que le han quitado).* Conseguir información.

W.W. Cualquier información, primero...

R.S. Es una prueba.

W.W. Y luego otra.

R.S. Más comprometida.

W.W. Y ya estás en la trampa.

R.S. No puedes decir que no.

W.W. Y mira por dónde.

R.S. El buen chico.

W.W. Ahora es soldado de la patria.

R.S. Enemiga.

W.W. Eras el mejor candidato.

R.S. Para dar información, ¿por qué?

A.S. Yo.

W.W. Si, tú. *(Lo acosan y castigan).*

A.S. Yo soy.

R.S. Nuestro hermano.

W.W. Nuestro amigo.

R.S. Pero vas y la cagas.

A.S. No quería...

W.W. Pero lo has hecho.

A.S. Decir...

R.S. Calla, joder, no me obligues.

W.W. Ni a mi.

A.S. Lo tuve que hacer, mi familia, mi sangre.

R.S. Y elegiste.

W.W. Traicionarnos.

A.S. A vosotros no, pero...

R.S. Calla, ahora.

W.W. Ya sabes.

R.S. Conoces la técnica.

W.W. *(Desesperado)*. Mírame, joder, ¿por qué?

A.S. *(Llorando)*. Y vosotros, ¿qué hubierais hecho...?

Oscuro, se escucha un teléfono, se descuelga.

R.S. Ya lo sabía... Vale. *(Cuelga el teléfono)*.

Escena VIII

Recordando después

Esta escena sucede en tres tiempos diferentes para cada uno de los personajes
A.S habla después de la muerte, lo que pudo ser y no fue
W.W recuerda e imagina futuros
R.S presente y realidad.

R.S. *(Como narrador)*. Me hubiese gustado saber qué dirían estos tipos si pudiesen hablar después de lo que sucedió o, mejor dicho, lo que tuvo que suceder, la guerra a veces es aparentemente absurda, pero tiene su lógica, por encima de todo incluso de la amistad: ¡Por la patria!

Suena música de Piazzola la escena es igual a la que cerrará la obra después de la muerte de Adel, él se incorpora lentamente para cumplir su "testamento", un sueño dentro de la pesadilla.

A.S. Lo que más lamento es no haber escrito esa carta a mis padres para decirles... tantas cosas que no dije en su momento, un abrazo que no di, un tiempo de escuchar alguna historia amarilla de mi padre, es curioso, cuando tenemos todo el tiempo, no sabemos qué hacer y ahora que no queda ni su sombra, lo vemos tan clarito, a través de un vaso transparente, todo, una calle con música y muchachas que ríen y que cantan, un caballo que pasta libremente, una ventana donde yo mismo me asomo para espiar a una vecina regordeta, ahora, en este lugar apartado de las ansias, me imagino recostado en el muro de mi casa en la provincia, es por la tarde, casi de noche, levanto mi mirada hacia el cielo con las pocas estrellas que brillan y, sin saber por qué, una lágrima se cuela por el borde de mi boca, parece que alguien me sonríe y yo también, entonces no hay sonidos, solo calma y un blanco como leche con espuma lo va cubriendo todo, llega hasta mis pies, mis botas, regalo de domingo se van perdiendo en el blancor, no es frío lo que siento, solo ganas de dormir y de soñar, la última mirada se encuentra con el otro, ¿seré yo? ¿O quizás algún hermano que perdí, yo lo maté y ha venido a despedirse o a vengarse? Yo ya le perdoné.

W.W. Estoy escondiendo en cajas vacías, en orden y atadas, las mil decisiones que no supe hacer, recuerdo que un perro me siguió en un parque, la noche era invierno y yo con el miedo no tuve otra idea que ir a por él, fui a mi casa, cargué mi fusil, conté cuatro veces y así disparé, un grito muy corto y después murió, cerré la ventana, me dormí despacio y todo olvidé, es arte difícil y audaz ejercicio, cometer pecados y pedir perdón, por eso los hombres y yo entre los tantos hacemos los tontos, para no sufrir. Pero el fuego pasa y deja cenizas que tiñen el tiempo y trazan memorias, difíciles, cuerdas, extrañas y locas, por eso he venido y en este lugar, las voy apartando, guardando, ordenando; las llevo al mercado, las vendo por pares, no pido dinero, las cambio por otras, que no recordé.

R.S. Solo esperaré la madrugada en que llegue el correo rojo y negro, estoy cansado de esta inútil profesión, si tengo fuerza y dinero suficiente, compraré una casa en medio de la nada, que tenga arbolitos que den sombra. Ojalá me sonría una muchacha, que no pregunte nada de mi ayer y mi dolor, que me mire sin rencor, que tenga hijos que puedan correr y que se rían como yo me he olvidado de reír. No es justo que los hombres no se rían, estoy diciendo, que se rían de verdad, cuando haya justicia y libertad, sí, para poder reír aquí o allá, de noche o por el día, sin pedir permiso y sin tener papeles para que así no necesiten, de hombres como yo. ¿Dónde estará, por Dios, ese lugar? *(Se miran por un momento y se rompen).*

Escena IX

Epílogo

A.S. *(De repente).* Aprendimos a matar sin darnos cuenta

W.W. El sol y el aire del Caribe nos daban nuevo impulso.

R.S. Levantamos la bandera de la muerte, parecía carnaval.

A.S. Yo tuve miedo, pero no lo confesé.

W.W. Esa cara de guerra artificial, una máscara ficticia.

R.S. Éramos poco más que niños que jugaban a ser hombres.

A.S. Sutilmente se nos metió en la piel el odio.

W.W. Podíamos haber sido diferentes.

R.S. Me gustaban las letras, por ejemplo.

A.S. Yo soñaba con ser actor.

W.W. Escribir las historia de mi pueblo.

R.S. O pintarlas en murales sin final.

A.S. Y firmarlas con el nombre de mi chica.

W.W. Soñamos tantas cosas.

R.S. Que reunidas no caben en mi casa.

A.S. Ni en la mía que es grande y tiene patio.

W.W. En ese lugar nos conocimos.

R.S. Hicimos planes que saltaron por los aires.

A.S. Como saltaron los hermanos enemigos.

W.W. Uno y uno eran tres en ese tiempo.

R.S. Era fácil el amor sin compromiso.

A.S. Huíamos hacia el sur, en busca de aventuras.

W.W. Que no iban más allá de algún pitillo.

R.S. Y reímos como nunca más habríamos de hacerlo.

A.S. Tampoco hoy, ¿verdad?

W.W. Saltamos de una trampa a otra.

R.S. Pero esta duele, aunque no podemos volvernos hacia atrás.

A.S. Las reglas del juego son sagradas.

W.W. Y el juego de las reglas son la trampa.

R.S. En la que vamos a caer sin darnos cuenta.

A.S. No esperaba este final para la historia.

W.W. Tampoco yo podía imaginarlo.

R.S. Te devolveré el abrazo que nunca pude darte.

A.S. El pudor es cosa de hombres de otro tipo.

W.W. Y el tipo que soy yo tampoco lo permite.

R.S. El pudor no estaba en nuestra cuenta.

A.S. No quería traicionaros, pero sabéis, mi sangre... mi familia, la gente de mi raza... espero que comprendáis. (W.W *y* R.S *se miran y deciden romper el silencio).*

W.W. Y cómo si lo haremos... *(Intentando animarlo).*

R.S. Te incluiremos en el álbum de recuerdos.

A.S. Aquí traigo una foto de los tres que sonreíamos. *(Comparten la emoción de ese recuerdo).*

W.W. Fue una tarde de verano y el calor nos sofocaba.

R.S. Jugamos en el río hasta que el sol cayó, se hizo tarde.

A.S. Volvimos corriendo a nuestras casas.

W.W. Mi padre me riñó, y yo guardé silencio.

R.S. Yo también, más o menos como ahora *(Silencio)*.

W.W *saca una petaca y beben uno tras otro.*

A.S. Imagino que no hay más nada que esperar.

W.W. *(A A.S)*. Espero que lo sepas tú también.

R.S. En la última llamada recibí la señal que nos condena. *(Se detienen, silencio, luego retoman el "juego" y en cámara lenta comienza la última ceremonia).*

A.S. ¿Nos?

W.W. ¿No lo crees?

R.S. Pues yo sí.

W.W. Pero...

R.S. No hay peros en la historia de la guerra.

W.W. Ni el amor, ni la amistad...

R.S. *(Cortándolo)*. Tampoco y basta, cumplamos de una vez.

A.S. ¡Callad! No quiero que al final... ensuciemos lo que fue.

R.S. Tampoco yo, así que...

A.S. Lo sé, también yo lo hubiese hecho.

W.W. Pero yo...

R.S. Es por eso, que lo haga el más...

A.S. ¡Calla! Dejemos que el silencio sea nuestro juez.

R.S. Tienes algo que decirnos todavía.

A.S. He creído en estos años
que la vuestra era mi casa
pero ahora me condena
el saber que me era ajena.

W.W *saca un cuchillo como en una ceremonia y se acerca a* A.S, *con la mano izquierda le rodea el cuello, se miran y lloran en una silenciosa despedida. Clava el cuchillo en el vientre de* A.S *que va cayendo lentamente hasta el suelo, una música lejana comienza a alzar su sonido,* W.W *deja caer su cuchillo con empuñadura en cruz que se clava en el suelo a modo de cruz de una tumba, mira a* R.S *y salen, en el suelo se va apagando la imagen del cuerpo muerto.*

WEEKEND

PERSONAJES

ÉL
ELLA/(novia de él)
AMIGO
AMIGA
MADRE

PRÓLOGO

En un espacio vacío van entrando los personajes de la historia y se presentan como tales.

ÉL. Yo soy ÉL, el chico de la historia, las cosas a veces no van como queremos, ni los sueños se parecen a la vida porque abrimos nuestros ojos cuando es tarde. Eso sucedió.

MADRE. Yo soy la madre de ÉL, y me encuentro en la difícil situación de contar, a mi manera, la parte dura de esta historia y recordar que siempre hay madres, como yo, que esperan cada noche a sus hijos y a sus hijas muy preocupadas cada vez que salen por la noche.

ELLA. Yo soy ELLA, la chica de ÉL. Nos encontramos sin querer y sin buscarnos, así tenía que ser. He venido a contar algunas cosas, no el final. Algunos lo imaginan.

AMIGO. Yo soy el amigo, y quisiera poner unas gotas de alegría en esta historia, si puede ser.

AMIGA. Yo soy la amiga de todos, en las buenas y en las malas, porque esa es la amistad, y hoy quiero recordar una canción que ayer soñé.

Sobre las últimas palabras de la AMIGA *comienzan las notas de la guitarra. El grupo se anima y forman un grupo para cantar bajo la discreta mirada de la* MADRE, *que tal vez se sume a algunos versos. Cuando terminan, jaleándose, la* MADRE *sonriendo se retira y luego el grupo.*

TODOS. *(Cantan).*
Soñé que soñabas canciones lejanas
mis pasos marcaban camino hacia ti.
Soñé con palabras,
susurros y gritos.
Soñé con la lluvia que cae tras de mí,
que cae tras de mí.

Soñé que soñabas caricias lejanas.
Soñabas que yo llegaba a tu casa.
Soñé que el destino golpeaba mi puerta,
y mil mariposas me unían hoy a ti,
me unían hoy a ti.

Soñé que sus juegos de besos, caricias
de luces, de sueños, de miradas vivas.
Soñé que sus juegos de besos, caricias,
te abrazo bien fuerte y tú te escapas, mi vida.
Soñé que sus juegos de besos, caricias
de luces, de sueños, de miradas vivas

Soñé que sus juegos de besos, caricias
te abrazo bien fuerte... y tú te escapas, mi vida.

Sobre la pantalla comienza la proyección de un vídeo sobre un botellón y accidentes en el fin de semana. Al final entran las notas del primer cuadro.

CUADRO PRIMERO

Entran en escena ÉL y AMIGA, vienen de algún juego compartido, ELLA sobre sus espaldas. Transmiten complicidad y alegría. Tienen que repasar una lección de lengua, las preposiciones.

AMIGA. Venga, concentración, que casi lo tienes.
ÉL. Pero...
AMIGA. Una... dos... y ¡tres! (*Decidida a sacar adelante el trabajo*).
ÉL. Venga, ahí voy: A, ante, bajo, cabe, con con...(*Se enfada*) con su puta madre.

AMIGA. No te enfades que es fácil. Vamos con un ejemplo... el fútbol, por ejemplo. Dos equipos juegan el uno... nnnn... el otro.

ÉL. ¡Enfrente del otro! ¡No, no, contra el otro! Es la profesora que está contra mí con el rollo ese de la memoria.

AMIGA. Déjate de rollos y sigue.

ÉL. Contra, de, desde, desde... (*Canta*). Desde que era chiquitito me metía en una olla, ahora que soy grandecito no me cabe ni la...

AMIGA. Chiquitito se va a quedar tu cerebrito cuando te choques contra...

ÉL. ¿Quién?

AMIGA. ¡Eso! Contra quién, quién, en, ¿entiendes?

ÉL. No. Bueno, sigo: de, desde, en entre, para, por según...

AMIGA. (*Enciende un cigarro, se insinúa*). Si alguien te echa de menos es porque no puede vivir. Nnnn.... ella.

ÉL. No puede vivir sin ella (*exagerando*). ¡Sin ella! Oye, ¿eso es un porrito? Dame una calada, ¿no? Una caladita, ¿no?

AMIGA. (*Siguiendo el juego*). Primero el deber y después el...

ÉL. ¡Placer! Pero déjame una caladita, que si no, no me concentro. Si no hay porrito, no te cuento un secretito.

Entra AMIGO. *Saluda a* ÉL *y a* AMIGA. *Tontean mientras* ÉL *bromea.*

ÉL. Oye, ¿la que se ha ido quién es?

AMIGO. Me cago en... (*Sale a buscarla*). Ella es... mi prima hermana.

ÉL. (*Visiblemente impresionado, rotundo*). Claro.

ELLA. Hola.

ÉL. *(Cortado)*. ¡Ho...la!

AMIGA. A ver, ya está, que nosotros estábamos estudiando.

ÉL. A ver, pero que ya han llegado, ya que están aquí...

AMIGA. Pero cómo puedes ser tan pavo, tío, ¡Esta gente seguro que se lo sabe! ¿A que sí?

ELLA. Sí, claro...

AMIGO. ¿El qué?

AMIGA. Las preposiciones.

AMIGO. Sí, claro. Bueno, ella se las sabe…, que da gusto escucharla, de carrerilla, ¿Verdad? Mira, empiezo: cuándo, dónde, por qué… no, esa no es.

ÉL. ¡No, no, que yo me la sé!

Va hacia la caja y comienza a tocar e improvisar musicalmente las preposiciones

CUADRO SEGUNDO

Entra la MADRE *doblando una sábana. El cuadro anterior se ha congelado después de haber creado un ambiente de fiesta, cigarro compartido incluido. Ríen hasta ese momento.*

MADRE. Oye oye… ¡Oye! ¿Así es como se estudia? (*De la broma al medio enfado*).¿Qué estáis haciendo?

Sorprendidos, tratan de salir al paso.

ÉL. Nuestras… cosas.

ELLA. Nuestros… miedos.

AMIGA. Los… secretos.

AMIGO. Yo… yo no tengo. (*Todos lo miran, es el gracioso del grupo. La imagen se congela nuevamente*).

MADRE. (*Volviendo a su actividad*). Yo trabajaba y escuchaba, parecía distraída… pero… (*El grupo intenta esconder el cigarro*). Oye, ¿eso qué es? ¿Eso es un cigarro o un porro? (ÉL *lo pasa y lo esconde, comienza un juego entre ellos para despistar a la madre, le arman un simpático lío*).

TODOS.

No es un cigarro

Es... un avión
Es una mosca
Es una abeja
Entra en la oreja
Cae una hoja
La pata coja
Venga y recoja
Ese pañuelo
Ese buñuelo
¡Y un coscorrón!
¡Chim pum!
Adiós

Se despiden burlescamente de la MADRE *e intentan ganar la puerta.* ÉL *es el último y se detiene a la voz de la* MADRE.

MADRE. Eh, eh, tú, ¿dónde vas?
ÉL. *(Volviéndose)*. Nada, madre, voy a pillar.
MADRE. ¿Qué?
ÉL. Que voy a pillar el pan. Dos vienas y un bollo, ¿no, madre?
MADRE. *(Confundida)*. Cla...ro.
ÉL. *(Tierno)*. ¡Te quiero! *(Sale)*. ¡Oye, el porro!
MADRE. *(Casi tarde, sola)*. ¡Yo también te quiero! Un montón...

CUADRO TERCERO

Los dos amigos entran de diferentes lugares. Caminan, AMIGA *se adelanta al proscenio.*

AMIGO. Pasaron muchos días desde entonces.
AMIGA. Y, sin embargo, yo no lo esperaba...
AMIGO. Tú siempre lo supiste, ¿verdad?

AMIGA. Desde el principio.

AMIGO. ¿Recuerdas?

AMIGA. Ayer soñé que viajábamos en globo...

AMIGO. ¿Todos?

AMIGA. Menos uno.

AMIGO. ¿Recuerdas?

Se separan para colocarse a los lados como observadores. Llegan ÉL *y* ELLA *jugueteando y empujándose hasta que de repente* ELLA *le da en el rostro y* ÉL *finge exageradamente que le ha hecho daño.*

ELLA. *(Preocupada).* Es que...

ÉL. Ésta me ha hecho un esguince o algo... *(Sigue tocándose la parte aparentemente herida).*

ELLA. Qué exagerado eres, ¿a ver?

ÉL. (Ella *se inclina suavemente y se besan).* ¡Uy! (ÉL *se vuelve un poco cortado y, después de un momento de silencio).*

ELLA. Perdona, no quería pegarte.

ÉL. ¿Qué decir cuando no sabes qué decir?

ELLA. Están .los ojos para eso.

ÉL. Si fuese tan fácil... tú sí, porque eres mujer.

ELLA. Sí, pero se puede aprender si escuchas.

ÉL. Oye, que yo siempre lo hago.

ELLA. *(Risueña).* ¿Ah, sí? ¿Cómo? *(Señala la oreja).* ¿Con esto o con esto? *(Señala al corazón).*

ÉL. *(Iniciando un nuevo juego hasta terminar en el suelo).* Con esto *(Señala el corazón de* ELLA *y luego el pecho).* O con esta y esta... con todo. *(En un momento se interrumpe y se aparta).*

AMIGO. ¡Bueno, bueno! ¿Pero esto qué es, en mitad de la calle?

ÉL. *(Enfadado).* Basta, nos largamos ya.

ELLA. Siempre te largas en lo mejor del cuento.

ÉL. Dejarse de cuentos, ¿vale?

AMIGA. Eso ya lo hace él por su cuenta.

AMIGO. Está enamorado, la mamona.

AMIGA. Está atrapado.

ELLA. Ah, por eso se escapa.

MADRE. (*Ha entrado, enterándose de lo último*). Nos pasa a todos.

ÉL. (*Caprichoso*). A mí, ¡no!

MADRE. A tí también. No tengas miedo, somos diferentes.

AMIGO. (*Rompiendo la seriedad*). Pues claro, como yo, que soy diferente.

AMIGA. O como yo, o él... o como todos.

ÉL. (*Confundido*). Entonces...

MADRE. Entonces, tropezamos.

ÉL. ¿Qué quiere decir, tropezamos?

MADRE. Que cada día, tropezamos...

ÉL. ¿Y qué?

MADRE. Y después, nos levantamos.

ÉL. Pero...

MADRE. Para volver a empezar, ya aprenderás. Ahora me voy.

ÉL. ¿Dónde vas?

MADRE. A trabajar, ¿no lo sabes? Dame un beso, anda.

ÉL. (*Cortante*). Ea, pues tira. (*La madre se va retirando, dolida por el trato*).

CUADRO CUARTO

AMIGA. Tío, ¿qué haces? Que es tu madre, siempre igual...

ÉL. (*Despectivo*). Tropezamos, tropezamos... palabras, y más palabras.

AMIGA. (*Intentando cambiar el rollo*). Juego de...

ELLA. Palabras.

ÉL. (*Entrando en el juego, finge una media caída*). ¡Tropezamos!

AMIGO. Ah, torpe, sí, amo.

AMIGA. ¿Amo, de amor?

AMIGO. *(Grave)*. Amo de amor.

AMIGA. Si hay amor...

ELLA. No hay amo.

ÉL. Bueno, venga, ya está.

ELLA. *(Desafiante)*. Eso te molesta, ¿verdad?

ÉL. ¡Sí, me molesta!

AMIGA. Ya estamos.

AMIGO. ¿Sabes por qué? Porque eres tonto, eso es lo que te pasa.

Juego entre los cuatro.

TODOS.

Divagas

Empiezas

Tropiezas

Te caes

Y vuelves

Y cambias

Te pierdes

Y sigues

Lo intentas

De nuevo

Tropiezas

Te caes

Se repite dos veces, cada vez más exagerados, como perdiendo fuerzas al final.

CUADRO QUINTO

MADRE, *que ha vuelto, los llama al orden.*

MADRE. Oye, ¿pero esto qué es?

ÉL. Un juego, madre, un juego.

MADRE. ¿Un juego? La vida no es un...

AMIGO. No, es un truco.

MADRE. ¿Un truco?

AMIGA. Del almendruco.

ELLA. Yo me acurruco. *(Ríen la broma).*

MADRE. ¡Tonterías!

ÉL. Quédate, madre... ¡porfa!

MADRE. No tengo tiempo.

ÉL. Nunca tienes tiempo.

MADRE. *(Algo enfadada).* ¿Cómo?

ÉL. Venga, va, que es un juego.

AMIGO. Es un momento *(la cogen, se incorporan todos, la llevan al centro).*

AMIGA. Tú eres el muñeco de goma...

ÉL. La muñeca.

MADRE. *(Cómplice).* ¡Cuidadito conmigo!

ELLA. Cierra los ojos.

AMIGA. Déjate llevar...

Comienza el juego. Uno la empuja hacia el otro, jugando y jaleando. Cada uno con un sonido. Pum, pa, tan, tam, tam, shhpá. A la tercera vuelta, cada vez más lejano y rápido, la madre parece sufrir un ataque al corazón. Confusión, miedo, todos alterados.

ÉL. ¡Madre!

Acompañan los otros: ¡Pidamos ayuda, un médico! ¡La ambulancia! ¿Qué hacemos? ¡No sé, rápido! ¡Será el corazón! AMIGO *sale de escena para llamar a una ambulancia.*

AMIGO. ¡Dadme un móvil, que no me quedan minutos!

ÉL. ¡Pero si emergencias es gratis, corre!

MADRE. *(Despierta del falso ataque).* ¡Pum! *(Salen del susto y ríen).*

AMIGO. *(Entra)*. ¡Una ambulancia para la calle...! Nada, hasta luego.

MADRE. ¿La vida no era un juego?

ÉL. ¿Pues no era una ilusión?

MADRE. Ilusión es nombre de mujer. *(Hace para alejarse)*.

ÉL. ¿Qué mujer?

ELLA. Yo, y anhelaba...

AMIGA. Lo que anhelamos todas.

ELLA. Encontrarme sin buscar con él.

TODOS. *(Señalan a ÉL)*. ¡Él!

ÉL. ¿Yo? ¡Fuera todo el mundo, vamos! ¡El último paga la cerveza!

AMIGA, *que se ha quedado la última, viene llamada por la* MADRE.

CUADRO SEXTO

MADRE. Oye, ven. Dime qué es lo que está pasando.

AMIGA. Nada...

MADRE. ¿Nada?

AMIGA. Nada raro, quiero decir.

MADRE. Lo que hablemos *(Mira alrededor para asegurarse de que no los escuchan)*. queda entre nosotras, ¿vale? Yo confío en ti, por eso te pregunto. Él está cambiando...

AMIGA. *(Se acerca)*. Él, como todos, es fuerte... y frágil al mismo tiempo.

MADRE. Sí, pero antes hablábamos más, y ahora..., hay veces que quisiera preguntarle, pero tengo miedo y me callo.

AMIGA. Es normal, él es... casi un hombre, y tú eres su madre, ya me entiendes.

MADRE. Yo sólo quiero su sonrisa. *(Se acercan, se toman la mano como un pacto)*.

AMIGA. Y yo, y todos, mira, voy a ser su amiga siempre.

MADRE. Pero...

AMIGA. Todo cambia, nosotros también. *(La besa y arranca para irse. En el último momento ya sobre la puerta se detiene como si hubiese olvidado decirle algo. Se gira despacio).* ¡Adiós!

MADRE. *(Suavemente, se despide respondiendo con la mano que baja lentamente mientras ella se vuelve hacia el público, mirando en alto).* Será eso, que está cambiando. *(Sale junto con la luz).*

CUADRO SÉPTIMO

El ambiente cambia, el es pacio de la casa, íntimo, se transforma en el lugar de encuentro habitual del grupo en un parque cercano, se preparan para ir de fiesta, es casi de noche. El AMIGO *llega primero, entra en el lugar con su guitarra a cuestas, se da cuenta que es el primero y se pone a templar las cuerdas, protestando por el atraso de los otros chicos del grupo.*

AMIGO. "No vayas a llegar tarde, llega puntual que nosotros somos puntuales". Ya se ve, ¿qué pasa, chavales? "Tráete la guitarra". Sí, sí... Pablo Alborán soy, con la guitarra a todos lados. *(Se pone a cantar y tocar solo, cada vez más motivado. Llega* ELLA, *que trae una litrona de cerveza).*

ELLA. Hola, ¿qué pasa?

AMIGO. Me he venido un poquito arriba, como llevo aquí una hora esperando...

ELLA. Anda, anda, exagerado

AMIGA. No te enfades, anda.

Cantan juntos, llega ÉL *mientras tanto.*

AMIGO. Voy a dejar la guitarra en el coche, no vayas a hacerte daño al final.

AMIGA. No ha estado tan mal.

AMIGO. Ha estado para enmarcarlo, increíble.

ÉL. Oye, que hoy he llegado antes que otros días, ¿eh?

AMIGA. Porque hoy es...

TODOS. ¡Viernes!

ÉL. Como el negro de la historia.

AMIGA. ¿Qué negro?

ELLA. ¿Qué historia?

ÉL. El de whatsapp, el que... es buenísimo.

ÉL va hacia el fondo y manda para un falso desfile militar.

ÉL. ¡Venga, todo el mundo firme! Tú también, ¡venga! *(Los demás se ordenan más o menos en fila, riendo. ÉL los manda callar).* Are you ready? Venga, pues... yo soy Él, no tengo nombre, porque el que tengo lo vais a ir olvidando muy poquito a poco... no quiero despedirme de vosotros, pero sospecho que sólo puedo ser adiós por una vez... (Todos ríen, reacciona). Vosotros os quedáis aquí, que yo me voy a una fiesta mucho mejor.

AMIGO. Tampoco hace falta eso, ¿no?

El resto corea como gallinas, al final lo convencen.

CUADRO OCTAVO

Cambia la luz y el espacio, del parque nos vamos a la discoteca. En ese ambiente, corriendo hacen un círculo que con el cambio de ritmo de la canción bailan primero en cámara lenta y luego con excitación entran en la "locura" del baile. ELLA lleva la litro con la que entró la amiga, que se van pasando mientras ÉL intenta encontrar cómplices para que prueben su cóctel, la AMIGA lo prueba y lo escupe. ELLA lo prueba un poco nada más, y AMIGO

directamente lo rechaza. ÉL insiste, hay un principio de pelea cuando
se pone pesado, AMIGO *habla con* AMIGA *y termina yéndose.*
AMIGA *va a hablar con* ÉL, *que después de contestarle algo al oído*
termina dándole la chaqueta para que la lleve. AMIGA *la coge y se*
acerca a ELLA, *hablan en secreto,* AMIGA *le pasa un preservativo*
discretamente. ELLA *lo mete en el bolsillo y camina hacia proscenio.*
Comienza a modo de ceremonia a quitarse los zapatos y luego la
rebeca, AMIGA *se ha retirado con la chaqueta de* ÉL. *Han quedado*
solos, ÉL se acerca lentamente, se le nota afectado por el alcohol. Ha
bebido más que los demás. ÉL y ELLA *quedan solos en escena.* ELLA
saca el preservativo para invitarlo a que lo use. ÉL se ríe incrédulo y
lo coge con los dientes, lo tira.

ELLA. ¿Qué haces?
ÉL. Sin condón es mejor, ¿no?
ELLA. No.
ÉL. Sí.
ELLA. *(Canturrea).* No, no, no...

Juego de sonidos. La impotencia se manifiesta.

ELLA. ¿Qué pasa? Vamos, ¿no? ¿Qué pasa?
ÉL. Bueno, venga, vámonos.
ELLA. ¿Qué pasa, por qué?
ÉL. Por qué, por qué... ¿no te das cuenta, o qué?
ELLA. *(Riendo).* ¿De qué?
ÉL. Que no te rías, ¡joder! Me he quedado sin un puto duro,
y ya sabes lo que le pasa a un tío como yo cuando se queda sin
un puto duro.
ELLA. *(Enfadada e irónica, le ha cortado el rollo).* Puto duro, puta
mierda, joder, ¿qué le falta a esa colección de tacos, eh? Ah, sí.
Una puta tía que te joda la puta noche, ¡siempre igual! *(Se de-*
tiene y recapacita tomando una decisión, cambiando de estrategia.
Quiere que se quede). Ven. *(De la mano, lo lleva al centro).* Relájate

(Suave). ¿Ves? Está amaneciendo, ¿te das cuenta de lo que eso significa? Están inaugurando el mundo y tenemos dos entradas gratis, mi vida, gratis...

ÉL *comienza a reír, rompiendo la intimidad.*

ÉL. Tú estás como una cabra.

ELLA. Sí, una puta cabra, abracadabra. Yo seré la que te abra las puertas del nuevo día, donde no habrá penas ni olvidos. *(Se incorpora y se dirige al público como presentadora de un gran espectáculo).* Señoras y señores, quedan todos invitados a un nuevo día, el nacimiento, igual o diferente, triste o alegre, pero nuestro. Esto es lo que yo querría.

ÉL. Que estás borracha, vamos.

ELLA. ¿Yo? Yo no estoy borracha, ¿quién está borracho aquí? Yo solamente quiero compartir el amanecer contigo, esperar ese momento para que me cierres los ojos y me digas...

ÉL. *(Abre de nuevo el móvil).* Mira niñata, yo quiero seguir la fiesta, ¿vale? Pero me he quedado sin un duro *(Se da cuenta de que no tiene las llaves de la moto).* ¿Dónde están las llaves de la moto? Te he visto jugando con ellas, ¿qué pasa, te gustaba el llaverito, ¿no?

ELLA. *(Burlona).* No, me gustaba su dueño, aunque a veces parezca que no tenga que no tiene corazón, a veces es sensible, cuando me mira...

ÉL. *(Interrumpiendo como siempre cualquier intento de profundidad).* ¡Nena!

ELLA. Ese *Nena*, cuando un gilipollas te dice un *Nena* con un poquito de sentimiento, tú vas y te lo crees. ¡No! No te lo creas, porque será tu perdición, porque en la peli que te habías montado, a ese *Nena* debería seguirle algo... venga, dilo.

ÉL. Nena, estoy esperando...

ELLA. Y yo también, ven, dilo, sé que lo estás pensando, vamos...Te qui-e-ro. *(Casi lo consigue, pero* ÉL *se echa atrás).*

ÉL. ¿Te quieres venir conmigo?

ELLA. No.

ÉL. ¿Cómo que no?

ELLA. Pues porque estás borracho, y no tengo casco, y...

ÉL. Mira, yo no estoy borracho, tengo el puntito, ¿vale? Y yo tampoco tengo casco, ¿qué más da, si vamos ahí al lado? Cómo era, ¿no estábamos inaugurando el cielo? Mira, ¡eh, san Pedro, hola, san Pedro! Soy una cabra, bee, venga, vamos.

ELLA. No, la pregunta te la hago ahora yo... ¿te gustan las mariposas?

ÉL. ¿Qué?

ELLA. Que si te gustan las mariposas. Podrías contestar con "me gustas tú", habría sido todo un detalle.

ÉL. No me jodas, nena.

ELLA. ¿Qué pasa, no te gustan?

ÉL. Venga, va, dame las llaves de mi moto. *(ELLA no se las da).* Dame las llaves de mi moto. *(Sigue sin dárselas, forcejean).* ¡Que me des las putas llaves de la moto ya, y tú te quedas aquí con tus mariposas de los cojones. *(Se marcha deprisa).*

ELLA. ¿Y yo, qué? ¿Y yo, qué? *(Se oye un impacto, luz roja).* ¡No!

CUADRO NOVENO

Tanatorio. MADRE *ha recibido la noticia,* AMIGO *la acompaña con dificultad hasta que se sienta.* AMIGO *se separa para colocarse un poco más atrás.* ELLA *entra, temblando se acerca a la* MADRE*, quien le vuelve la cara antes de abrazarla.* ELLA *se arrodilla, entra la* AMIGA *con la chaqueta que había recogido. Cruza mirada con* ELLA *antes de darle la chaqueta a* MADRE*, la recoge con lentitud y dolor. La música anuncia con toque de campanas el inevitable desenlace, la madre se incorpora lentamente y se dirige al centro del espacio; proscenio.*

MADRE. De qué sirven los reproches, lo que pudo haber sido y no fue. Sólo me queda la memoria, una foto de otro tiempo, un paseo por el parque con tu padre cuando éramos felices. Yo pensaba en sus caricias, un saludo con sus prisas y otras cosas que se han ido. Cada noche yo velaba distraída, pensaba en otras cosas, hablaba sola. Qué sé yo. Y desde entonces tengo miedo... y no puedo confesarlo... *(Se derrumba)*.

¿Cómo expresar este dolor que me hiere las entrañas?

Estoy buscando una salida a ese oscuro laberinto. Las paredes son estrechas, me sofocan...Y, aunque corra y aunque grite, tú... ya no estarás en el fondo de´túnel.

Dime, hijo mío, dime dónde podremos encontrarnos y que me digas lo que nunca me dijiste, lo que nunca me contaste...

¿Cómo quieres que te culpe? ¿Cómo quieres que me enfade? ¡Soy tu madre! Y nunca te volveré a ver, nunca, mi niño... *(Rompe a llorar mientras abraza la chaqueta como si fuese su hijo pequeño. Le canta)*.

Duérmete clavel
Que el caballo no quiere beber
Duérmete rosal
Que el caballo se pone a llorar

ELLA *viene a recogerla y la acompaña para que se retire de aquel lugar funerario mientras la nana se pierde con ellas.*

CUADRO DÉCIMO

Cada uno reacciona de una forma diferente. El lugar de siempre los convoca una y otra vez para desentrañar su significado, AMIGA *es la más madura de todos y, a pesar de todo, ha quedado atrapada en la historia, marcada a su manera. Entra, está lloviendo. Camina con su paraguas.*

AMIGA. Esa muerte nos cambió. Nos cambió a todos, quiero decir. Ese año había llovido como nunca. A veces pasa, ¿eh? Hasta el cielo quería llorar esa ausencia. Cada uno hizo lo que pudo, pero... no es suficiente. Nunca es suficiente. La vida cambia de repente y tú te quedas sin saber... Yo ahora vivo sola y a veces... Sí, a veces cuando lo recuerdo me entra mucho miedo. Pero cómo vivimos esos días... Eso es mejor que lo cuente cada uno.

Siente la lluvia, mira al cielo y se retira.

CUADRO UNDÉCIMO

Por el lado opuesto llega el AMIGO, *el ambiente no cambia. Es el lugar donde cada uno ahora se encuentra con los fantasmas del pasado reciente. Camina lentamente como acariciando el aire, hacia adelante. La vida continúa.*

AMIGO. Amigo fui y soy tuyo, pero no te lo grité. Es curioso lo que pasa algunas veces, tienes toda la vida por delante y un mal día... Pero yo sigo siendo tu amigo. De tu cansancio, de tu entusiasmo que me arrastra. Hoy han cambiado el color de las cosas, de tus ojos, de tu voz, de tu constante mirar al infinito. Cada vez que cogías la moto... yo te animaba, ¿y qué iba a hacer? Soy tu amigo.

Por el otro lateral ha aparecido la AMIGA.

AMIGA. *(Susurra).* Cargaremos con ese peso cada noche.
AMIGO. *(Sorprendido, se pensaba solo).* Cómo pesa, ¿eh?
AMIGA. Hubo demasiado alcohol aquella noche. Nos pasamos.
AMIGO. ¿Nos? No, os pasasteis vosotros.

AMIGA. Todos, y tú también con tu silencio.

AMIGO. ¿Mi silencio? Se lo intenté decir, pero no pude. Era mi amigo, el...

AMIGA. ¿El mejor, quieres decir?

AMIGO. No lo entiendes.

Intenta marcharse, AMIGA *lo detiene.*

AMIGA. Tenemos su recuerdo, ¿no? Podemos compartirlo. *(Se queda un momento en silencio, se besan con dulzura).*

AMIGO. Yo no puedo. *(Sale).*

AMIGA. ¡Yo también era su amiga, joder! Y siempre lo seré.

CUADRO DUODÉCIMO

El mismo lugar, ELLA *se enfrenta al espejo del deseo, encontrar una respuesta a esa pregunta que se fue con* ÉL. *Entra en el espacio ritualmente, se quita los zapatos y la rebeca como aquella noche. Madrugada, camina lentamente hacia el centro, donde coloca la petaca, recuerdo de* ÉL. ELLA *mira alrededor para asegurarse de que está sola.*

ELLA. No puedo recordar ni una palabra, ni bonita ni maldita; ni una canción, mía o suya, nuestra, nada. Estoy aquí como una idiota, frente a una puerta cerrada verde, azul o de algún color como esas de los cuentos... Haría falta un gesto, una señal, y la puerta se abriría. *(Hace un gesto hacia adelante para abrir esa puerta imaginaria y se vuelve).* Tengo miedo, un miedo que me recorre el cuerpo. Vengo aquí un día y otro día buscando un..., no sé qué, un...

AMIGA. ¿Qué haces?

ELLA. Nada...

AMIGA. ¿Nada?

ELLA. Nada.

AMIGA. ¿Qué miras?

ELLA. Estoy segura que lo primero que me encontraría sería su sonrisa.

AMIGA. Esa sonrisa con sus malditas gafas de sol que no se quitaba aunque lloviera.

ELLA. Seguro que está lloviendo allí, ¿verdad? *(Sonríe rompiendo la seriedad de antes, se olvida por un momento, y comparten imágenes).*

AMIGA. Seguro. Allí siempre llueve, como en Bruselas. Vaya mierda.

ELLA. Es que no lo puedo recordar feo.

AMIGA: Yo tampoco.

ELLA. Es que tú y yo nos parecemos, ¿verdad?

AMIGA. Cuando te conocí por primera vez pensé: qué tía más rara, me gusta, creo que se parece a mí.

ELLA. *(Riendo).* ¿A ti?

AMIGA. Sí, en esto de dentro, en el karma, eso que llaman los indios de la India, que yo tengo mi karma, tú tienes el mío y a veces se cruzan.

ELLA. Se encuentran.

AMIGA. Y van a la vez. ¿Tú me entiendes?

ELLA. Sí, pero ahora... ¿Ahora, qué?

AMIGA. Está mojado, joder, y no sólo por la lluvia.

ELLA. Qué chispa.

AMIGA. Mira, en serio, si ÉL está aquí y te dice...

AMIGA. Calla. Está ahí, viene y te dice:

ELLA. *(Imitando).* Nena, ¿te quieres mojar conmigo?

AMIGA. ¿Y tú qué haces?

ELLA. Yo iría, lo abrazaría, lo besaría y le... bueno, eso no sé si lo haría. Ese es el problema, que cuando hacía tonterías yo lo perdonaba y... compartíamos esto. *(Coge la petaca).* ¿Quieres?

AMIGA. ¿Qué dices? Eso le jodió la vida a él, ¿y ahora te la quieres joder tú?

ELLA. *(Tomando un trago)*. ¡Calla! ¿Lo escuchas? Es... nuestra canción. *(Se miran y lloran*, ELLA *comienza con la canción,* AMIGA *se suma)*.

ELLA y **AMIGA.** *(Cantan)*.
Mira mis ojos que están llenos de ti
Mira mis manos que están temblando de amor
Mira mis lágrimas que lloran pasión.
Mira mis labios que beben tu dolor.
Que beben tu dolor.
Que beben tu dolor.

Iba andando a oscuras por la calle del amor.
Un paso tras otro, seguía tus huellas.
El silencio amargo se hizo dueño de la noche.
Un suspiro pronunciaba tu nombre.

No sé dónde estás, pero ojalá estuvieras aquí conmigo.
No sé dónde pisas al andar, por eso creo que este no es el camino.
No sé dónde estás, pero ojalá estuvieras aquí conmigo.
Y hacer un castillo en la arena juntando tus deditos con los míos.

Mira mis ojos que están llenos de ti,
Mira mis manos que están temblando de amor,
Mira mis lágrimas que lloran pasión.
Mira mis labios que beben tu dolor.
Que beben tu dolor.
Que beben tu dolor.

Apoyándose en el suelo, al final se abrazan compartiendo el sentimiento.

ELLA. Abrázame fuerte... como ÉL.
AMIGA. Es tarde, medianoche... tengo que irme.
ELLA. No me dejes...

AMIGA. Volveremos a reírnos del mundo. *(Silencio).* Como antes.

ELLA. ¿Antes? No me gusta estar sola.

AMIGA. A nadie le gusta, pero... se puede. Adiós.

ELLA. No lo sé. *(Se queda sola y toma un trago, cierra los ojos y siente la lluvia).*

EPÍLOGO

ELLA *en el mismo lugar de la escena anterior después de que la* AMIGA *se ha ido, abre los brazos y comienza su monólogo de despedida de ese lugar.*

ELLA. Está lloviendo a mis espaldas, no quiero darme la vuelta. No quiero darme cuenta, ¿para qué? Ya es tarde. Una estúpida trama se ha tejido en torno a mí, arañas de colores estiran mis pestañas y ciegan mi mirada. No, no tuvieron el detalle de avisar. El correo de la muerte nunca avisa. Se presenta, te sonríe, te distrae cuando menos te lo esperas comienza su trabajo. Lo sientes en las venas, en la piel. Sientes su aliento... no te importa, ¡es tarde!

ÉL, *su alma, aparece en el fondo desplazándose con lentitud hasta que la escucha. Se detiene, se queda mirándola.*

ELLA. En aquel amanecer que recuerdo como gris, como frío y humedad... sigo esperando tus noticias, aunque no las tenga. ¿Dónde están las fuerzas que no tengo, dónde?

ÉL. *(Gritando).* ¡No lo hagas! *(Suavemente).* Imagina que no importan las cosas que no dije, que el tiempo se detiene, y que Dios nos regala su entusiasmo. La parte bonita de la historia y así, por capricho, simplemente, nos reúne a las puertas del Edén y la historia vuelve a comenzar. Yo me llamo... yo me llamo Comoquieras, y tú te llamarás Miamor. Y acercaré mi cuerpo junto al tuyo (ELLA *tiembla de frío y de miedo)*, y taparé tus ojos con mis manos, respiraremos juntos y el tiempo entonces caminará despacio y tendremos niños que jugaran al Sol. Las arboledas saludarán tu andar y nos haremos viejos sonriendo. Todo está escrito en el libro que pensaba regalarte en tu cumpleaños... (ELLA *intenta volverse)*. No te vuelvas. Poco a poco el silencio irá tomando mi lugar y yo... yo seré un recuerdo grato para burlar a la muerte una vez más (*se acerca sutil y le susurra)*. Escucha, había una vez una niña... (ELLA s*onríe)*.

ELLA. ¡Yo!

ÉL. ¿Y quién si no?

ELLA. ¿Por qué has vuelto?

ÉL. Me lo has pedido.

ELLA. ¿Yo? *(Se vuelve y descubre la visión, todo es ligero)*.

ÉL. Tu pensamiento, tu deseo.

ELLA. ¿Qué ha ocurrido?

ÉL. Va a ocurrir...

ELLA. Tú...

ÉL. Yo... no lo sabía, lo entendí en ese momento. Por eso he regresado, a decirte que...

ELLA. ¡Dilo!

ÉL. Que te quiero.

ELLA. Han vuelto las mariposas.

ÉL. Yo las he traído *(Sonríen)*. ¿Por qué no me lo dijiste?

ELLA. ¡Te lo dije! Con mis ojos y un abrazo sin respuesta.

ÉL. No lo supe.

ELLA. Tenías mucha prisa.

ÉL. Ahora no me vale para nada. Puta prisa, puta moto.

ELLA. ¿De qué te sirve ese cabreo? ¿Ves a dónde nos ha llevado?

ÉL. ¿Estás conmigo, no?

ELLA. Siempre. Siempre.

ÉL. Abrázame un momento, nunca es tarde. *(Se abrazan suavemente entrando en otra dimensión).*

ELLA. No te siento, es como si abrazara la nada.

ÉL. *(Separándose, la deja sola y se dirige al fondo. Se vuelve y se detiene un momento. Ella vuelve al punto de partida de la escena, abre los brazos y abraza su propio cuerpo).* ¿Cuántas veces tengo que morir?¿Cuántas?

Entra la música del final y ÉL *se retira. Mientras, han entrado cual presencias los otros personajes. La luz baja, todos van de espaldas al fondo de escena.*

ÍNDICE